신기방기 이해되는

과학 용어 비교 사전

신기방기 이해되는

과학 용어 비교 사전

지은이 김수현 | **그린이** 김지하
펴낸이 정규도 | **펴낸곳** ㈜다락원

초판 1쇄 발행 2026년 01월 05일

편집장 최운선
편집 임유리
디자인 권수정

다락원 경기도 파주시 문발로 211
내용문의 (02)736-2031 내선 273
구입문의 (02)736-2031 내선 250~252
Fax (02)732-2037
출판등록 1977년 9월 16일 제406-2008-000007호

ISBN 978-89-277-4828-1(73400)

http://www.darakwon.co.kr
다락원 홈페이지를 통해 인터넷 주문을 하시면 자세한 정보와 함께 다양한 혜택을 받으실 수 있습니다.

신기방기 이해되는

과학 비교 용어 사전

글 김수현 ✖ 그림 김지하

다락원

머리말

여러분은 혹시 '과학'이라고 하면 어떤 느낌이 드나요?

조금 어렵고 낯설다고 느낄 수도 있고, 세상에서 일어나는 신기한 일들을 떠올릴 수도 있을 거예요. 사실 과학은 멀리 있는 것이 아니라 우리가 숨 쉬는 공기, 매일 마시는 물, 하늘을 수놓은 별빛 속에도 숨어 있답니다.

저는 오랫동안 초등학교 교사로 일하면서 아이들과 함께 배우고, 또 어린이들을 위한 동화와 교양서를 써 왔습니다. 학교에서 아이들을 가르치고 글을 쓰면서 알게 된 사실이 있어요. 아이들이 과학을 어려워하는 이유 중 하나는 바로 낯선 단어 때문이라는 거예요. 단어의 뜻만 제대로 알면 훨씬 더 재미있게 과학의 세계를 탐험할 수 있는데 말이죠.

그래서 이 책을 준비했습니다.

이 『과학 용어 비교 사전』은 어린이들이 과학을 읽고, 듣고, 이야기할 때 꼭 필요한 단어들을 쉽고 친근하게 풀어 놓았습니다. 재미있는 잡지를 읽듯이 차근차근 살펴보며 새로운 말과 개념을 익히는 동안, 여러분은 어느새 과학의 눈으로 세상을 바라보게 될 거예요.

이 책을 펼칠 때마다 여러분의 호기심이 한 뼘씩 더 자라고, 과학과 조금 더 친해지기를 바랍니다. 단어 하나하나가 여러분의 생각을 키워 주고, 꿈을 넓혀 주는 작은 씨앗이 되기를 바라면서요.

즐겁게 탐험해 보세요!

과학의 길잡이가 되어 줄 단어들이 여러분을 기다리고 있답니다.

2026년

초등교사 김수현

차례

VS

1장 물질

2장 생명

3장 운동과 에너지

4장 지구와 우주

이 책은 이렇게 활용해요!

짝 지어진 용어와 뜻을 확인해요!

① 변온 동물 變 溫

變 변할 변 溫 따뜻할 온

바깥 온도에 따라 체온이 변하는 동물.

변온 동물은 자신의 체온을 일정하게 유지할 수 없어.
외부 온도에 영향을 아주 많이 받지.

신기방기! 뿡뿡방기! 용어와 관련된 유익한 이야기를 읽고 용어에 대한 지식을 쌓아요!

⑤ 신기방기! 뿡뿡방기! 조금 더 알아보자!

변온 동물은 온도가 높을 때 활동이 활발해지고, 온도가 낮으면 활동이 둔해지거나 겨울잠을 자. 대표적으로 대부분의 물고기는 주변 물의 온도에 따라 체온이 변하는 변온 동물이야. 물고기 말고도 개구리와 도롱뇽 같은 양서류, 뱀과 거북이 같은 파충류 그리고 대부분의 곤충이 변온 동물에 해당해.

신기

따뜻한 ENFJ.
방기가 사고 칠 때마다 수습해 주고 챙겨 준다.
호기심 대마왕으로, 질문이 많다.

생명

S 정온 동물 定 溫

정할 정 따뜻할 온 ②

바깥 온도에 관계없이 체온을 일정하게 유지할 수 있는 동물.

용어의 한자를 익혀요!

③ 재미있는 신기와 방기의 이야기로 용어의 뜻을 이해해요!

변온 동물과 다르게, 정온 동물은 자신의 체온을
일정하게 유지할 수 있어.
스스로 체온을 조절할 수 있으니까 다양한 활동을 할 수 있겠지? ④

신기와 방기의 추가 설명으로 용어를 확실하게 배워요!

신기방기! 뿡뿡방기! **조금 더 알아보자!**

정온 동물은 날씨가 더울 때 땀을 흘리거나 피부 혈관을 확장해서 체온을 낮춰. 반대로 날씨가 추울 때는 근육을 떨게 해서 열을 만들지. 털과 지방층을 이용해서 체온을 유지하고, 심박수와 호흡수를 늘려 열을 발생시키기도 해. 그러니까 당연히 겨울철에 겨울잠을 잘 필요가 없겠지?

정온 동물에는 포유류와 조류가 해당해. 포유류는 36~38℃, 조류는 40~42℃로 체온을 유지한대. 그래서 포유류인 인간은 36.5℃가 평균 온도인 거야!

방기

확신의 ENFP.
천방지축에 엉뚱하지만 과학적인 내용을 설명할 땐 꽤나 진지하다.

교과 연계

3학년 2학기 물체와 물질
4학년 1학기 물의 상태 변화
4학년 2학기 여러 가지 기체
5학년 1학기 용해와 용액
5학년 2학기 열과 우리 생활
6학년 1학기 산과 염기
6학년 2학기 물질의 연소
전기의 이용

1장 물질

온도 VS 습도

가열 VS 가습

녹는점 VS 끓는점

용해 VS 용액

응결 VS 냉각

연소 VS 소화

산소 VS 이산화 탄소

산성 VS 염기성

리트머스 종이 VS 페놀프탈레인 용액

넓이 VS 부피

무게 VS 질량

도체 VS 부도체

오목 렌즈 VS 볼록 렌즈

나노 기술 VS 생체 모방 기술

온도 溫度

溫 따뜻할 온 | 度 법도 도

따뜻함과 차가움의 정도.

온도는 따뜻함과 차가움의 정도를 나타내는 수치야.
차가울수록 숫자가 작아지고, 뜨거울수록 숫자가 커지지.
자, 그럼 여기서 깜짝 퀴즈!
봄, 여름, 가을, 겨울 중에서 제일 온도가 높은 계절은?
반대로 제일 온도가 낮은 계절은?

신기방기! 뿡뿡방기! 조금 더 알아보자!

공기의 온도를 두 글자로 줄여서 기온이라고 해. 몸의 온도를 두 글자로 줄이면 체온이라고 하지. 그러면 물의 온도를 두 글자로 줄이면 뭘까? 맞아! 수온이라고 해. 그리고 그 온도를 재는 물건은 온도계라고 해.

병원에 가서 온도계로 체온을 재본 적 있지? 체온을 재는 방법도 꽤 다양해. 귀의 온도를 재는 방법, 겨드랑이 온도를 재는 방법, 입 안 온도를 재는 방법 등이 있단다. 너희들이 경험해 본 방법은 뭐야?

습도 濕 度

젖을 **습** 법 **도**

공기 가운데 수증기가 들어 있는 정도.

쉽게 말해서 얼마나 축축한지,
얼마나 건조한지를 알려 주는 숫자가 바로 습도야.
공기 중에 수증기가 많이 들어 있을수록 습도가 높은데,
이때 우리는 축축하다고 느껴.
반대로 공기 중에 수증기가 부족하면 습도가 낮은데,
그럴수록 우리는 건조하다고 느끼지.

신기방기! 뿡뿡방기! 조금 더 알아보자!

비가 오는 날에는 당연히 습도가 높아. 이렇게 축축한 날씨는 빨래를 잘 마르지 않게 해. 곰팡이가 잘 생기기 때문에 음식도 쉽게 상하지. 반대로 비가 너무 오랫동안 오지 않으면 습도가 낮아. 건조해서 빨래는 잘 마르지만, 불이 쉽게 나기도 해.

우리나라는 1년 중에서 장마 기간인 7, 8월에 습도가 제일 높고 11월에 습도가 제일 낮아. 11월이 산불 예방의 달인 이유를 알겠지?

가열 加熱

더할 가 더울 열

어떤 물질에 열을 가하는 것.

가열이란, 물체에 열을 줘서 온도를 높이는 과정을 말해.
쉽게 말해서 어떤 물질을 따뜻하게, 뜨겁게 만드는 거야!

신기방기! 뿡뿡방기! **조금 더 알아보자!**

가열의 예를 알아볼까? 냄비에 물을 넣고 불을 켜면 물이 점점 뜨거워지면서 끓는 것, 초콜릿을 따뜻한 물 위에 놓으면 서서히 녹는 것, 계란프라이를 만드는 것이나 맛있는 고기를 굽는 것 모두 가열이야. 생각보다 가열의 예가 많지? 가열을 하면 물은 끓고, 음식은 익게 돼. 그래서 적당히 가열하는 게 중요하단다. 너무 끓거나 너무 많이 익으면 색이 변하거나 타버릴 수도 있으니 말이야!

S 가습 加濕

더할 가 | 젖을 습

어떤 물질에 습기를 더하는 것.

가습이란, 공기 중에 수분을 추가해서
공기를 촉촉하게 만드는 거야.
건조한 공기를 습하게 만드는 거지.

신기방기! 뿡뿡방기! **조금 더 알아보자!**

가습은 왜 필요할까? 특히 겨울철에는 날씨가 엄청 건조하지? 그러면 목이 따갑거나 피부가 건조해져. 입술이 바싹 마를 수도 있지. 그럴 때 가습기로 가습을 해주면 공기가 촉촉해지면서 습도가 올라가기 때문에 목 안도, 입술도, 피부도 함께 촉촉해져. 건조한 코와 목은 감기에 취약해서, 항상 촉촉하게 유지하는 것이 건강에 좋다는 걸 꼭 기억해야 해!

녹는점

고체가 열을 받아 액체로 변하는 온도.

고체가 열을 받아 액체로 변하는 온도를 녹는점이라고 해.
초콜릿의 녹는점은 약 30~34℃라서
손에 계속 쥐고 있으면 녹게 돼.

신기방기! 뿡뿡방기! **조금 더 알아보자!**

얼음의 녹는점은 0℃(도)야. 기온이 0℃보다 높으면 얼음은 물이 돼. 버터의 녹는점은 32~35℃라서 따뜻한 곳에 두면 쉽게 녹지. 금의 녹는점은 1,064℃고, 철의 녹는점은 1,538℃라서 녹이려면 강한 열이 필요해.

S 끓는점

액체가 열을 받아 기체로 변하는 온도.

액체가 열을 받아 기체로 변하는 온도를 끓는점이라고 해.
액체마다 끓는점이 다 다른데, 물의 끓는점은 100℃야.

신기방기! 뿡뿡방기! **조금 더 알아보자!**

알코올은 78℃에서 끓기 때문에 물보다 빨리 끓고, 수은은 357℃에서 끓기 때문에 훨씬 늦게 끓어. 그리고 같은 물질이라도 기압에 따라서 끓는점이 변해. 예를 들어 물의 끓는 점은 100℃이지만, 높은 산에서 물을 끓이면 기압이 낮아서 끓는점도 낮아져. 그래서 세계에서 제일 높은 산인 에베레스트에서는 물이 70℃에서 끓는다고 해. 정말 신기하지?

용해 溶解

녹을 용 풀 해

두 가지 이상의 물질이 골고루 섞이는 현상.

방기는 왜 내 말을 믿어주지 않는 거지??
아무튼 용해는 보통 '녹는다'라는 개념과 비슷하게 쓰여.
설탕이 물에 용해된 걸 녹았다고 표현할 수 있는 거지!

신기방기! 뿡뿡방기! **조금 더 알아보자!**

설탕을 물에 녹이는 것, 코코아 가루를 우유에 넣어서 코코아를 만드는 것, 된장을 풀어서 된장국을 만드는 것, 아이스티 가루를 풀어서 아이스티를 만드는 것, 원두 가루를 녹여서 커피를 타는 것! 이런 것들이 모두 용해의 예시야.

S 용액 溶液

溶 녹을 용 液 진 액

용해되어 만들어진 액체.

아까 설탕을 물에 용해했다고 했지?
그렇게 만들어진 설탕물을 용액이라고 해.
비눗방울 용액은 물에 세제를 용해한 거야!
이걸 후~ 불면 비눗방울이 생긴다구!

신기방기! 뿡뿡방기! 조금 더 알아보자!

용액은 두 가지 이상의 물질이 섞여 있는 액체야. 대부분 투명하지만, 간혹 색깔이 있는 액체도 있어. 설탕물, 소금물 같은 용액은 투명하지만, 코코아, 커피와 같은 용액은 색깔이 있는 것처럼 말이야.

용액은 거름종이로 걸러도, 아무것도 걸러지지 않아. 소금물을 거름종이에 거른다고 해서 소금을 얻을 수는 없는 것처럼 말이지!

응결 凝結

엉길 응 맺을 결

기체인 수증기가 액체인 물이 되는 현상.

수증기가 물이 되는 현상을 응결이라고 해.
공기 중에 수증기가 많으면 응결이 잘 이루어지지.
한 마디로 습도가 높을수록 응결도 잘 이루어진다는 뜻이야.
하늘 위에 떠 있는 구름도 사실 수증기가 응결된 거야.
구름도 작은 물방울들인 거지!

신기방기! 뿡뿡방기! **조금 더 알아보자!**

생활 속에서 볼 수 있는 응결은 또 뭐가 있을까? 안경을 쓴 사람이 갑자기 따뜻한 곳에 들어가면 안경이 뿌옇게 되는 것도 응결이야. 안경에 아주 작은 물방울들이 맺힌 거거든!

S 냉각 冷 却

찰 **냉** 물리칠 **각**

식혀서 차갑게 만드는 것.

냉각은 쉽게 말해서 시원하게 만든다는 뜻이야.
'급속'은 빠른 속도를 말하는 거니까
'급속 냉각'은 '빠르게 시원한 온도를 만든다'라는 뜻일 거야.
그러니까 오늘처럼 무더운 날에는
에어컨 리모컨에서 급속 냉각 버튼을 눌러도 되겠는걸?

신기방기! 뿡뿡방기! **조금 더 알아보자!**

혹시 열 냉각 시트를 이마에 붙여본 적 있어? 붙여본 적이 있는 친구라면, 아마 그때 열이 많이 났었나 봐. 차갑게 식혀 주는 열 냉각 시트를 이마에 붙이면, 열이 조금 내려가는 효과가 있어.

하나 더! 액체인 물을 냉각시키면 뭐가 될까? 맞아, 얼음이 돼. 얼음은 고체야. 액체를 냉각시키면 고체가 된다는 사실! 이 정도는 다 알고 있겠지?

연소 燃燒

탈연 탈소

물질이 산소를 만나 빛과 열을 내면서 타는 현상.

연소란, 어떤 물질이 산소를 만났을 때
빛과 열을 내면서 타는 걸 말해.
방기가 내 생일을 맞이해서 초를 연소시키려는데
성냥이 없네?! 이런!

신기방기! 뿡뿡방기! **조금 더 알아보자!**

무조건 산소를 만났다고 연소가 일어나는 건 아니야. 연소가 일어나려면 3가지 조건이 필요해. 이 중에서 한 가지 조건이라도 빠지면 연소는 일어나지 않지.

첫째, **탈 물질**이 있어야 해.

둘째, 당연히 **산소**가 있어야 해.

마지막으로 **발화점 이상의 열**이 있어야 해.

그렇다면 신기가 생일 케이크에 불을 붙이지 못하는 이유는 무엇일까? 바로 탈 물질인 성냥이 없기 때문이야.

S 소화 消火

消 사라질 소 火 불 화

불을 끄는 것.

방금, 연소에 대해 알려 줬지? 연소의 반대 개념이 바로 소화야.
뭐? 음식물을 뱃속에서 흡수시키는 것도 소화라고?
맞아. 그것도 소화야!
그런데 지금 말하는 소화는 '불을 끈다'라는 뜻의 소화란다!

신기방기! 뿡뿡방기! 조금 더 알아보자!

연소의 조건이 세 가지 있다고 했지? 탈 물질, 산소, 발화점 이상의 열! 이 세 가지 중에서 딱 한 가지만 빠져도 연소는 이루어지지 않아. 다시 말해 소화가 이루어지는 거지.
요리가 끝나면 레버를 돌려 가스레인지의 불을 끄지? 이건 탈 물질(가스)을 차단해서 소화시키는 거야. 소화기는 안에 있는 이산화 탄소 같은 기체를 뿌려서 산소를 차단하는 원리로 소화시키는 거고. 또, 불이 나면 소방관들이 소방 호스로 물을 사정없이 뿌리지? 이건 발화점을 넘은 열(불)을 없애서 소화를 시키려는 작전이야.

산소 酸素

실 산 / 근본 소

지구 표면에 있는 원소 중 양이 가장 많은 원소.
원소 기호는 O, 원자 번호는 8이다.

산소는 지구에서 중요한 기체 중 하나야.
생명체가 살아가는 데 필수적인 원소이기 때문이지.

신기방기! 뿡뿡방기! **조금 더 알아보자!**

산소는 색과 냄새와 맛이 없다는 특징을 가지고 우리 공기 중에서 21%를 차지해. 또, 연소의 필수 조건이어서 불이 붙으려면 반드시 필요하지. 생물체들은 숨을 쉴 때 산소를 흡수해서 에너지를 만들기 때문에 산소가 꼭 필요해. 심지어 식물도 낮에 흡수한 산소를 밤에 소비하면서 에너지를 만든단다. 그래서 산소가 부족하면 질식의 위험이 있어. 고산 지대에서는 호흡이 어려워지는 것도 산소가 부족하기 때문이야.

S 이산화 탄소

二	酸	化	炭	素
두 이	실 산	될 화	숯 탄	근본 소

탄소 또는 그 화합물이 완전 연소하거나, 생물이 호흡할 때 생기는 기체. 원소 기호는 CO^2이다.

이산화 탄소는 산소와 탄소로 이루어진 기체야.
생명체가 호흡하고 자연이 적당히 순환하는 과정에
아주 중요한 역할을 해.

신기방기! 뿡뿡방기! **조금 더 알아보자!**

산소와 마찬가지로 색과 냄새가 없는 이산화 탄소는 물에 녹으면 탄산이 돼서 탄산음료의 거품이 돼. 목을 따갑게 만드는 게 바로 이산화 탄소지! 또, 고체 상태로 얼리면 드라이아이스가 되는데, 음식을 신선하게 보관하는 용도로 사용하기도 해. 이산화 탄소는 식물이 광합성을 할 때 필수적이어서 너무 적으면 광합성이 제대로 이루어지지 않지만, 반대로 너무 많으면 온실 효과로 인해서 지구 온난화가 심해질 수 있어. 사람이 숨쉬기 어려운 환경이 될 수도 있단다. 그래서 적절하게 있는 게 중요해.

산성 酸性

酸 실**산** 性 성품**성**

pH*가 7보다 낮은 물질의 성질.

pH가 7보다 낮은 물질의 성질을 산성이라고 해.
산성을 가진 음식은 보통 신맛이 나.

신기방기! 뿡뿡방기! 조금 더 알아보자!

산성은 다음과 같은 특징을 갖고 있어.

첫째, pH 값이 7보다 낮아. 숫자가 작을수록 강한 산성의 성질을 가지지.

둘째, 신맛이 나. 대표적으로 레몬, 라임, 자몽 등의 과일이 있어.

셋째, 금속을 녹일 수 있어.

넷째, 파란색 리트머스 종이를 빨간색으로 변화시켜.

* 용액 1L 속에 존재하는 수소 이온 농도로, 용액의 산성과 염기성의 정도를 나타내는 수치.

S 염기성 鹽基性

소금 염 · 터 기 · 성품 성

pH가 7보다 높은 물질의 성질.

pH가 7보다 높은 물질의 성질이 염기성이야.
염기성을 가지면 미끌미끌한 느낌이 있고 단백질을 분해해.

신기방기! 뿡뿡방기! 조금 더 알아보자!

염기성은 다음과 같은 특징을 갖고 있어.

첫째, pH 값이 7보다 커. 숫자가 클수록 강한 염기성의 성질을 가지지.

둘째, 쓴맛이 나. 대표적으로 비누, 녹즙(시금치즙), 베이킹 소다 물 등이 있어.

셋째, 만졌을 때 미끈미끈하거나 비누 같은 느낌이 나.

넷째, 빨간색 리트머스 종이를 파란색으로 변화시켜.

리트머스 종이

리트머스 용액을 물들인 거름종이로,
빨간색과 파란색 두 종류가 있다.

pH 측정기가 없어도 리트머스 종이가 있으면
산성과 염기성을 대략 구분할 수 있어!

신기방기! 뿡뿡방기! **조금 더 알아보자!**

리트머스 종이는 이끼에서 추출한 리트머스 색소로 만들어. 이 색소가 수소 이온(h+)과 수산화 이온(oh-)의 농도에 반응하는데, 반응하면서 색이 변하지. 이 원리를 이용해서 산성과 염기성을 구분하기 위해 만든 종이가 바로 리트머스 종이야! 리트머스 종이는 빨간색과 파란색이 있는데, 빨간색은 염기성에 반응하고 파란색은 산성에 반응해.

S 페놀프탈레인 용액

**산성과 염기성을 판별하는 pH 지시약으로,
산성에서는 색의 변화가 없다.**

페놀프탈레인은 강한 염기성을 띠는 물질일수록
짙은 붉은색으로 변하게 해.
그래서 페놀프탈레인을 녹인 용액으로
산성과 염기성을 구분하지.

신기방기! 뿡뿡방기! **조금 더 알아보자!**

페놀프탈레인 용액은 무조건 염기성에만 색깔이 바뀔까?
맞아! pH가 8.2보다 낮은 산성 용액에서는 색이 변하지 않아. 그래서 보통 pH 7을 산성도 염기성도 아닌 중성이라고 부르는데, 이 중성 용액일 때에도 색은 변하지 않아. pH가 8.2보다 높은 염기성에서만 분홍색으로 변하고 pH가 높아질수록 이 분홍색도 더 진해진단다.

넓이 extent

일정한 평면에 걸쳐 있는 공간이나 범위의 크기.

넓이는 '크다', '작다'라고 표현하지 않고,
'넓다', '좁다'라고 표현해.
너희가 알고 있는 넓이의 단위에는 무엇이 있니?

신기방기! 뿡뿡방기! **조금 더 알아보자!**

넓이는 다른 말로 면적이라고 바꿀 수 있어. 가로와 세로 길이를 곱하면 구할 수 있지. 넓이의 단위에는 cm^2(제곱센티미터), m^2(제곱미터)가 있고, 이것보다 훨씬 더 넓은 넓이를 나타내는 a(아르), ha(헥타르), km^2(제곱킬로미터) 등의 단위도 있어.

수학 시간에 사각형의 넓이 구하는 방법, 평행사변형의 넓이 구하는 방법, 사다리꼴의 넓이 구하는 방법, 원의 넓이 구하는 방법 등을 배우면서 우리도 다양한 넓이를 직접 구해 볼 수 있어.

S 부피 volume

넓이와 높이를 가진 물건이 공간에서 차지하는 크기.

어떤 물건이 공간에서 차지하는 크기를 부피라고 한대.
부피가 크면 클수록 공간을 많이 차지해.

신기방기! 뿡뿡방기! **조금 더 알아보자!**

부피를 나타내는 단위에는 cm^3(세제곱센티미터)와 m^3(세제곱미터) 등이 있어. $1cm^3$는 가로, 세로, 높이가 모두 1cm(센티미터)인 정육면체의 부피를 말하는 거야. $1m^3$는 가로, 세로, 높이가 모두 1m(미터)인 정육면체의 부피겠지?

액체의 부피는 들이라고도 하는데 mL(밀리리터), L(리터)의 단위로 나타내.

무게 weight

중력이 물체를 끌어당기는 힘의 크기.

중력이 물체를 끌어당기는 힘의 크기를 무게라고 해.
중력이 크면 클수록 무게도 더 많아지겠지?
반대로 달의 중력은 지구의 1/6뿐이니까,
달에 가면 우리 몸무게도 1/6로 줄게 될 거야!

신기방기! 뿡뿡방기! 조금 더 알아보자!

무게를 나타내는 단위로는 g(그램)중, kg(킬로그램)중 등이 있어. 그런데 뭔가 어색하지? 맞아. '중'이라는 단어가 붙어서 그래. 평소에는 '중'이라는 말을 빼고 g, kg으로 많이 쓰지. 하지만 무게는 중력의 크기를 나타내기 때문에 정확한 단위는 g중, kg중이라는 것! 그러니 몸무게를 말할 때도 30kg이 아니라 30kg중이라고 해야 정확한 표현이야.

질량 質量

바탕 질 헤아릴 량

어떤 물체에 포함된 물질의 양.

어떤 물질의 양을 질량이라고 해.
질량은 중력과 관계없이 그 물질이 가지고 있는 고유한 양을 말해.
그래서 지구에서의 질량과 달에서의 질량은 똑같아.

신기방기! 뿡뿡방기! **조금 더 알아보자!**

질량을 측정하는 방법은 윗접시 저울이나 양팔 저울을 사용하는 방법이 있어. 질량의 단위는 g, kg이지. 어떤 물질을 쪼개거나 더하지 않는다면 그 질량은 절대 변하지 않아. 어느 곳에 있더라도 말이야. 이걸 **질량 보존의 법칙**이라고 해.

도체 導體

인도할 **도** 몸 **체**

전기를 잘 전달하는 물질.

도체는 전자들이 자유롭게 이동할 수가 있어서
전류가 쉽게 흐를 수 있어.
대부분의 금속이 도체란다!

신기방기! 뿡뿡방기! **조금 더 알아보자!**

대부분의 금속은 도체야. 그중에서도 구리는 전선에 많이 사용돼. 전기를 잘 전달하고 가격도 적당하기 때문이지. 알루미늄은 가벼운 도체야. 전선에도 사용되고 전기 제품에도 잘 사용돼. 철도 전기를 잘 전달하는 도체라서 기계 장비에 사용돼.

S 부도체

不	導	體
아닐 부	인도할 도	몸 체

전기를 잘 전달하지 않는 물질.

전기를 잘 전달하지 않는 물질을 부도체라고 해.
전자가 자유롭게 이동하지 못하게 해서
전기 흐름을 차단하는 성질을 가지고 있어.

신기방기! 뿡뿡방기! **조금 더 알아보자!**

고무, 플라스틱, 나무, 유리 등 비금속 물질이 대표적인 부도체야. 고무는 전기를 차단하는 특성이 있어서 전기의 절연체*로 사용해. 도체가 전기를 전달하는 역할을 한다면, 부도체는 전기를 차단해서 안전을 지키는 역할을 하는 거야. 그런데 일부 습기가 많은 나무는 전기가 흐를 수도 있어서 조심해야 한대.

* 열이나 전기를 잘 전달하지 않는 물체.

오목 렌즈 concave lens

가운데 부분이 가장자리보다 얇은 모양의 렌즈.

가운데 부분이 가장자리보다 얇은 렌즈를 오목 렌즈라고 해.
오목 렌즈는 빛을 가장자리로 꺾어서,
물체를 비추면 물체가 작게 보이도록 하지.
이 렌즈로 만든 게 졸보기야!

신기방기! 뿡뿡방기! **조금 더 알아보자!**

오목 렌즈는 큰 물체를 작아 보이게 하는 대신, 넓은 면적을 한 번에 볼 수 있게 해. 그래서 먼 물체가 잘 보이지 않는 사람들이 또렷하게 볼 수 있도록 교정하는 안경에 사용돼.

S 볼록 렌즈 convex lens

가운데 부분이 가장자리보다 두꺼운 모양의 렌즈.

볼록 렌즈는 빛을 한 점으로 모이게 하는 성질이 있어서,
볼록 렌즈로 만든 돋보기로 햇빛을 모으려고 했어.
이 볼록 렌즈로 물체를 보면 물체가 크게 보여!

신기방기! 뿡뿡방기! 조금 더 알아보자!

볼록 렌즈가 빛을 모을 수 있는 이유는 볼록 렌즈를 통과하는 빛이 렌즈의 가운데 쪽으로 꺾이기 때문이야. 그래서 빛이 가운데로 모이게 해. 햇빛이 쨍쨍한 날, 검정 종이에 돋보기를 비춰 봐! 그러면 한 점으로 모인 빛이 종이를 태워서 연기가 살살 피어오를 거야!

나노 기술

1m의 10억분의 1 크기인 매우 작은 크기를 다루는 기술.

1nm(나노미터)는 1m의 10억분의 1이야.
1nm를 100만 배 확대해도
인간의 머리카락보다 10만 배 얇다고 하니
얼마나 작은 크기인지 알겠지?

신기방기! 뿡뿡방기! **조금 더 알아보자!**

나노 기술은 어떤 장점이 있을까? 나노 기술은 아주 작은 크기의 물질을 다루기 때문에 더 정밀한 작업을 할 수가 있어. 그래서 강도가 높고, 가볍고, 내구성이 뛰어난 소재들을 만들어 낼 수 있지. 특히 나노 기술로 만든 약은 더 정확하게 원하는 부위에 전달되어서 부작용을 줄이고 치료 효과도 높일 수 있다고 해.

S 생체 모방 기술

자연에서 발견되는 구조, 행동, 원리를 본떠서 만든 기술.

생체 모방 기술은 동물이나 식물이 가지고 있는
뛰어난 특성을 기술적으로 응용한 거야.

신기방기! 뿡뿡방기! **조금 더 알아보자!**

드론의 날개를 본 적 있니? 드론의 날개는 잠자리의 날개에서 영감을 받은 생체 모방 기술의 예야. 거미줄도 본 적 있지? 거미줄은 생각보다 강하고 가벼운데, 이 거미줄의 특징을 모방해서 강한 실이나 구조물을 만들어. 이런 실들은 의료 기기나 방탄복 등 다양한 분야에서 활용돼.

교과 연계

3학년 1학기	동물의 생활
	식물의 생활
	생물의 한살이
3학년 2학기	지구와 바다
	감염병과 건강한 생활
4학년 1학기	다양한 생물과 우리 생활
4학년 2학기	생물과 환경
5학년 1학기	우리 몸의 구조와 기능
6학년 1학기	식물의 구조와 기능

2장 생명

해풍 vs 육풍

생산자 vs 소비자

생태 피라미드 vs 생태계 평형

먹이 사슬 vs 먹이 그물

곰팡이 vs 세균

줄기식물 vs 뿌리식물

암술 vs 수술

광합성 vs 호흡

적응 vs 진화

야생 vs 양식

부화 vs 번식

척추동물 vs 무척추동물

양서류 vs 파충류

변온 동물 vs 정온 동물

감각 vs 반응

들숨 vs 날숨

뼈 vs 근육

소화 vs 배설

해풍 海風

바다 해 바람 풍

바다에서 땅으로 불어오는 바람.

해풍은 보통 햇볕이 강한 낮에 불어.
동해안에 가면 낮에 오징어를 매달아
말리는 풍경을 볼 수 있는데,
해풍으로 오징어를 건조하는 거야.

신기방기! 뿡뿡방기! 조금 더 알아보자!

낮에 햇볕이 땅과 바다를 비추면 땅이 바다보다 훨씬 더 빨리 따뜻해져. 그렇게 땅의 온도가 올라가면 공기가 가벼워져서 위로 올라가게 되지. 이때 땅에 있던 공기의 양이 적어져. 공기는 보통 많은 곳에서 적은 곳으로 이동해. 그래서 공기가 많은 바다에서 공기가 적은 육지로 이동하게 되지. 이걸 해풍이라고 부르는 거야!

S 육풍 陸風

陸 뭍 육 | 風 바람 풍

땅에서 바다로 부는 바람.

육풍은 보통 밤에 불어.
바람의 이름은 항상 불어오는 쪽으로 정하니까
육풍은 '육지(땅)에서' 불어온다는 뜻이겠지?

신기방기! 뿡뿡방기! 조금 더 알아보자!

밤이 되면 해가 사라지지? 이때 낮 동안 달궈진 땅과 바다가 식기 시작해. 땅은 바다보다 훨씬 빨리 식게 되는데, 이때 바다의 따뜻한 공기가 가벼워지면서 위로 올라가게 돼. 바다에 있는 공기의 양이 적어지는 거지. 그래서 공기가 많은 땅에서 공기가 적은 바다로 이동하게 돼. 우리는 이걸 육풍이라고 부르는 거야.

육풍은 차갑고 건조한 바람이라서, 낮에 부는 해풍보다 더 쌀쌀하게 느껴져. 또, 바다 쪽으로 향하는 바람이라서 밤에 배를 타고 바다로 나가는 어부들에게 도움이 된단다.

생산자 生 產 者

날 생 / 낳을 산 / 놈 자

생태계에서 광합성을 통해 유기물을 생산하는 생물.

생산자는 생태계에서 에너지를 최초로 공급해 주는 중요한 생물이야.
지구상의 모든 생명체가 생존하는 데 필수적인 역할을 하지.

신기방기! 뿡뿡방기! 조금 더 알아보자!

생산자는 광합성을 해서 에너지를 만들어. 그리고 먹이 사슬의 기초가 되지. 초식 동물에게 에너지를 공급해 주면서 에너지가 생태계 전체로 전달돼.

생산자가 감소하면 먹이 사슬 전체에 영향을 미쳐. 소비자의 개체수도 같이 줄어들어서 결국에는 생태계가 붕괴하지. 지구 온난화, 산성비 등과 같은 것들은 생산자가 자라는 데 악영향을 미칠 수 있어서 환경 오염이 되지 않도록 특히 신경 써야 해.

S 소비자 消費者

사라질 소 · 쓸 비 · 놈 자

생태계에서 다른 생물을 먹이로 삼아 에너지를 얻는 생물.

소비자는 에너지를 직접 생산해 낼 수 없기 때문에
생산자가 만든 유기물을 섭취해서 에너지를 얻어.

신기방기! 뿡뿡방기! **조금 더 알아보자!**

생산자, 소비자와 함께 **분해자**도 있어. 분해자는 죽은 유기물을 분해해서 무기물로 돌려보내는 생물군이야. 세균이나 곰팡이처럼 말이지. 이와 달리 소비자는 살아 있는 유기물을 섭취해서 에너지를 얻는단다.

그러면 인간은 어디에 해당할까? 바로 소비자야. 우리는 소비자로서 환경을 보호하고, 생태계의 균형을 유지하는 데에도 반드시 힘써야 해.

생태 피라미드 V

자연에서 생물들이 서로 연결된 관계를 피라미드 형태로 나타낸 것.

생태 피라미드를 보면 누가 누구를 먹고 사는지,
에너지가 어디에서 어디로 이동하는지를 알 수 있어.

신기방기! 뿡뿡방기! **조금 더 알아보자!**

생태 피라미드의 기본 구조를 한번 살펴볼까?

1단계는 **생산자**야. 광합성을 해서 에너지를 만드는 풀, 나무, 수초 같은 것들이지.

2단계는 **1차 소비자**야. 식물을 먹고 사는 토끼, 사슴과 같은 초식 동물을 말해.

3단계는 **2차 소비자**야. 초식 동물을 잡아먹는 뱀, 여우 같은 작은 육식 동물을 말해.

4단계는 **3차 소비자**야. 피라미드 꼭대기에 있는 포식자로, 다른 동물은 사냥하지만 자신은 거의 잡아먹히지 않는 독수리, 늑대, 호랑이 같은 최상위 포식자를 말해.

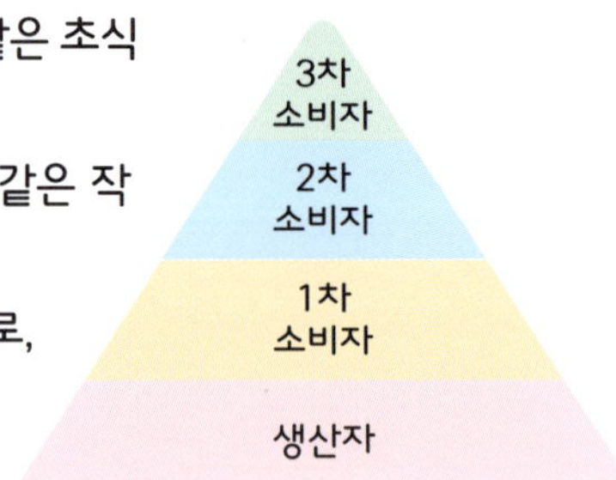

S 생태계 평형

자연에서 생물과 환경이 균형을 이루며 유지되는 상태.

생태계에 사는 동물, 식물, 미생물, 무생물이
서로 영향을 주고받으면서 안정적으로 살아가는 게
바로 생태계 평형이야.

신기방기! 뿡뿡방기! **조금 더 알아보자!**

생태계 평형은 언제 깨질까? 바로 환경 오염이 심해지면 생태계 평형이 깨지게 돼. 물이 오염되면 물고기가 죽고, 물고기가 줄어들면 물새가 먹이를 잃게 되니까 말이야. 기후 변화가 심해져도 생태계 평형이 깨져. 너무 더워져서 온도가 올라가면 북극곰이 살 곳을 잃게 돼서 많이 죽겠지? 그러면 북극곰의 먹이인 물개의 수가 많아질 거야. 물개의 수가 많아지면 물개가 잡아먹는 물고기의 수도 많아지니까 결국 물고기들은 줄어들 거고.
생태계 평형은 우리 모두에게 중요한 문제야. 자연이 스스로 균형을 이룰 수 있도록 우리 모두 생태계를 지켜야 해.

먹이 사슬

생물들이 서로 먹고 먹히는 관계를 사슬처럼 연결한 에너지 흐름의 경로.

생산자 ⋯▸ 소비자 ⋯▸ 분해자의 순서로 에너지가 이동하는 걸 나타낸 경로가 바로 먹이 사슬이야.

신기방기! 뿡뿡방기! 조금 더 알아보자!

육지와 해양의 먹이 사슬은 어떻게 다를까?

육지 생태계의 먹이 사슬은 이렇게 되어 있어.

풀 생산자	⋯▸	메뚜기 1차 소비자	⋯▸	개구리 2차 소비자	⋯▸	뱀 3차 소비자	⋯▸	독수리 최상위 소비자

해양 생태계의 먹이 사슬은 이렇게 되어 있지.

식물성 플랑크톤 생산자	⋯▸	작은 물고기 1차 소비자	⋯▸	큰 물고기 2차 소비자	⋯▸	상어 최상위 소비자

어때? 다르면서도 비슷하지?

먹이 그물

여러 개의 먹이 사슬이 서로 얽혀서 그물처럼 복잡하게 이루어져 있는 먹이 관계.

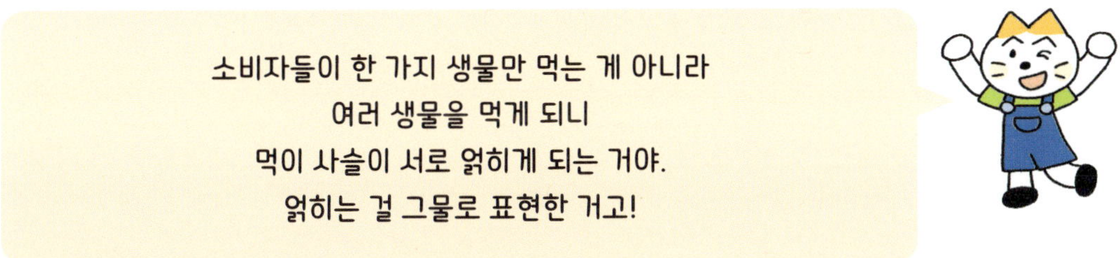

신기방기! 뿡뿡방기! **조금 더 알아보자!**

먹이 그물은 여러 개의 먹이 사슬로 구성되어 있어. 그래서 생태계를 더욱 안정적으로 유지하지. 예를 들어 메뚜기의 수가 줄어들었을 때, 포식자가 메뚜기 말고 다른 먹이를 선택할 수 있다면 생태계 전체가 한 번에 무너지지 않게 되는 거야.

그래서 곰은 먹이 그물에서 1차 소비자이면서, 2차 소비자일 수 있어. 열매를 따 먹기 때문에 1차 소비자이지만, 물고기를 먹기도 하니 2차 소비자도 되는 거지.

곰팡이

몸의 구조가 간단한 하등 균류.

곰팡이는 동물과 식물에 기생하고, 음식물이나 옷에 붙어 살아.
생산자, 소비자, 분해자 중에서 분해자에 해당하지.
유기물을 분해하는 역할을 하니까 생태계에서 중요한 역할을 해.
그렇지만 일부 곰팡이는 건강에 해로우니 조심해야 해.

신기방기! 뿡뿡방기! **조금 더 알아보자!**

유익한 곰팡이와 해로운 곰팡이가 따로 있을까? 맞아, 따로 있어!
푸른곰팡이는 항생제의 원료로 사용되고, 누룩곰팡이는 된장과 간장을 만들 때 사용되는 유익한 곰팡이야. 반면, 호흡기 질환을 일으키는 검은곰팡이, 곡물을 오염시키는 붉은곰팡이는 유해한 곰팡이지. 그래서 유해한 곰팡이가 생기지 않게 하려면, 음식을 보관할 때 밀폐 용기에 넣어서 선선한 곳에 보관해야 해. 곰팡이는 습하고 따뜻한 환경에서 잘 자라거든!

S 세균 細菌

細 가늘 세 | 菌 버섯 균

생물체 가운데 가장 미세한 단세포 미생물.

세균은 물, 공기, 흙 등 거의 모든 곳에 존재해.
눈에 보이지 않을 정도로 엄청 작고, 스스로 증식이 가능하지.
보통 몸을 2개로 나눠서 아주 빠르게 증식하는 특징이 있어.
다른 생물체에 기생해서 병을 일으키기도 하고,
발효나 부패를 일으켜서 생태계의 순환에 중요한 역할을 하기도 해.

신기방기! 뿡뿡방기! 조금 더 알아보자!

장 건강에 도움을 주고 김치와 요구르트 같은 발효 식품을 만드는 데 필요한 유산균, 식물이 질소를 흡수할 수 있게 도와주는 질소고정균은 유익한 세균이야. 하지만 식중독을 유발하는 살모넬라균, 결핵을 유발하는 결핵균처럼 유해한 세균이 훨씬 많아. 그래서 손을 자주 씻고, 위생 관리를 철저히 해야 세균으로 인한 감염을 막을 수 있어.

줄기식물

V

줄기에 양분을 저장하거나 줄기가 중요한 기능을 하는 식물.

줄기식물은 땅속줄기, 지상줄기 등 다양한 종류가 있어.
땅속으로 자라는 땅속줄기로는 비늘줄기, 덩이줄기, 뿌리줄기가 있지.
양파, 튤립, 백합의 줄기는 비늘줄기야.
감자처럼 덩어리 모양의 줄기는 덩이줄기고.
쇠뜨기라는 식물은 땅속줄기가 작은 뿌리처럼 자라서 뿌리줄기라고 해.

신기방기! 뿡뿡방기! **조금 더 알아보자!**

우리가 자주 먹는 음식 중에 줄기식물은 셀러리, 아스파라거스, 브로콜리가 있어. 그중에서도 땅속줄기(덩이줄기)를 가진 채소는 감자, 생강, 연근, 우엉이 있지.
사탕수수의 줄기에는 당분이 있어서 설탕으로 만들기도 한대!

S 뿌리식물

뿌리를 먹거나 이용할 수 있는 식물.

뿌리식물은 땅속에서 식물을 지탱하는 역할을 하면서,
양분을 저장하고 수분을 흡수하는 등의
중요한 기능도 맡고 있어.

신기방기! 뿡뿡방기! **조금 더 알아보자!**

우리가 자주 먹는 음식 중에서 고구마, 당근, 무, 비트 같은 식물은 저장뿌리야. 인삼과 도라지 같이 약재로 사용되는 뿌리, 부추나 파 같은 수염뿌리는 국이나 요리에 사용되기도 하지. 뿌리식물은 뿌리에 양분을 저장하기 때문에 비타민, 미네랄, 식이섬유 등 영양소가 풍부해서 건강에 좋대!

암술

꽃의 생식 기관 중 하나. 씨앗을 만드는 역할을 한다.

암술이 꽃가루와 결합해서 수정을 이루면,
곧 씨앗이 생겨!

신기방기! 뿡뿡방기! **조금 더 알아보자!**

암술은 크게 세 가지 부분으로 나눌 수 있어.
암술머리는 암술의 맨 위에 있어서 꽃가루를 받는 부분이야.
자루는 암술머리와 난소를 잇는 좁고 긴 부분이지.
난소는 암술의 가장 아랫부분으로, 씨앗이 형성되는 곳이야.
그래서 암술머리를 통해 꽃가루를 받아서 자루를 통해 난소에 보내면, 난소에서 수정이 되어 씨앗이 만들어지는 거야!

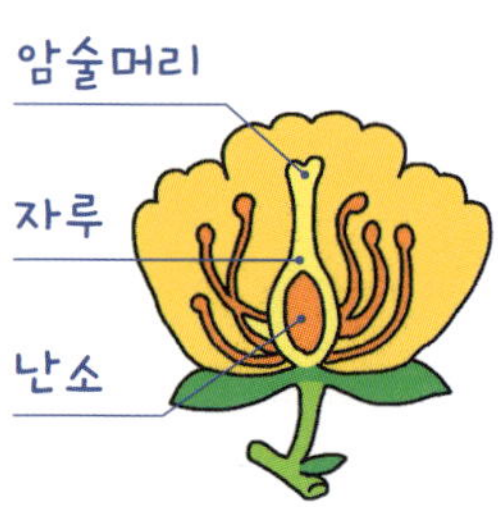

S 수술

꽃의 생식 기관 중 하나. 꽃가루를 만드는 역할을 한다.

호박꽃은 암술과 수술이 각각 다른 꽃에 있지만
다른 꽃들은 보통 암술과 수술이 같이 있어.
그래서 수술이 꽃가루를 만들어
암술에 전달하는 중요한 역할을 해.

신기방기! 뿡뿡방기! **조금 더 알아보자!**

수술은 두 부분으로 나눌 수 있어.
꽃밥은 수술의 끝부분에 있고, 꽃가루가 생성되는 곳이야.
수술대는 꽃밥을 지탱하는 줄기 역할을 해.
수술이 없으면 꽃가루가 생성되지 않기 때문에 식물의 번식도 어려워지겠지?

광합성 光合成

光 빛 광 | 合 합할 합 | 成 이룰 성

식물이 햇빛을 이용해 영양분을 만들고 산소를 내보내는 과정.

광합성이란, 식물이 햇빛을 이용해 영양분을 만들고
산소를 내보내는 과정을 말해.
식물이 사는 데 필요한 에너지가 광합성 덕분에 생기지.

신기방기! 뿡뿡방기! 조금 더 알아보자!

식물이 광합성을 하려면, 먼저 식물의 엽록소에서 햇빛을 흡수해. 이때 나뭇잎에 있는 기공*을 통해 이산화 탄소도 흡수하지. 또, 뿌리를 통해 물을 흡수해. 그러면 광합성이 이루어지는데, 그 결과로 포도당이라는 영양소가 생기고, 산소도 생겨서 산소를 배출하게 돼.
식물이 광합성을 하는 건 스스로 자라는 힘이 생긴다는 뜻이야. 그리고 이 과정에서 생물들에게 산소를 공급해 주기 때문에 아주 중요한 과정이라고 볼 수 있단다.

* 식물의 잎이나 줄기의 겉껍질에 있는 구멍. 호흡 작용을 하며, 잎의 뒤쪽에 많다. 빛과 습도에 따라 열고 닫게 되어 있다.

S 호흡 呼吸

부를 호 마실 흡

산소를 들이마시고 이산화 탄소를 내뱉는 활동.

응! 식물도 사람처럼 산소를 들이마시고
이산화 탄소를 내뱉는 호흡을 해.
이 과정에서 포도당을 에너지로 쓰며 성장하게 되지.

신기방기! 뿡뿡방기! **조금 더 알아보자!**

식물은 나뭇잎에 있는 기공을 통해 공기 중에 있는 산소를 흡수해. 동시에 광합성으로 만들어서 가지고 있던 포도당을 태우지. 이때 산소와 포도당이 결합하면, 식물이 자라날 수 있게 도와줄 에너지가 생겨.

식물이 호흡을 다 하고 나면 이산화 탄소와 물이 생기고, 이것들을 밖으로 내보내. 따뜻한 물속에 나뭇잎을 넣어 봐! 나뭇잎에서 아주 작은 공기 방울이 나올 거야. 그게 바로 이산화 탄소란다!

적응

適 應
맞을 적 응할 응

생물이 오랜 시간 동안 환경에 맞게
몸의 구조나 행동 등을 변화시키는 과정.

생존과 번식에 유리한 방식으로
생물이 변화하는 걸 적응이라고 해.

신기방기! 뿡뿡방기! **조금 더 알아보자!**

우리 주변에서 적응의 예를 찾아볼까? 도시의 새들이 자동차 소리에 적응해서 울음소리를 크게 내는 게 적응의 예야. 매운 음식을 잘 못 먹었던 어린이가 점점 잘 먹게 되는 것도 적응의 예지. 더운 나라에서만 사는 사람은 웬만한 더위를 잘 견딜 수 있겠지? 이것도 더위에 적응한 거라고 할 수 있어!

S 진화 進化 (나아갈 진, 될 화)

생물이 오랜 시간 동안 환경에 적응하면서 몸의 구조, 행동 등이 점진적으로 발달하는 과정.

진화는 한 세대 만에 일어나는 과정이 아니라
수천 년~수백만 년 동안의 작은 변화가 쌓이고 쌓이면서 생기는 거야.
목이 긴 기린들이 나뭇잎을 더 많이 먹고 살아남았기 때문에
기린의 목이 점점 길어진 것처럼 말이야!

신기방기! 뿡뿡방기! **조금 더 알아보자!**

고래는 원래 육지에서 살던 동물이었지만, 점점 바다 생활에 적응하게 되면서 다리가 사라지고 지느러미가 되었어. 사람의 턱은 딱딱한 음식을 많이 씹어야 했던 과거에는 컸지만, 부드러운 음식을 많이 먹는 현대로 넘어오면서 점점 더 작아지고 있지.

야생 野 生
들야 날생

산이나 들에서 저절로 나서 자라는 것.

여러 야생 생물이 건강히 살 수 있으려면
오염되지 않은 자연환경이 필요하겠지?

신기방기! 뿡뿡방기! **조금 더 알아보자!**

대한민국에 멸종 위기인 야생 생물이 꽤 많다는 것, 알고 있니? 멸종 위기인 야생 생물이 많다는 건 그만큼 지구가 오염되고 있다는 증거일 거야. 우리나라는 이런 동물들을 위해 법으로 **멸종 위기 야생 생물 Ⅰ급**과 **멸종 위기 야생 생물 Ⅱ급**을 정해 놓고 있어. 현재 Ⅰ급은 68종, Ⅱ급은 214종으로, 총 282종이 지정되어 있다고 해. 늑대, 물범, 반달가슴곰, 사향노루, 산양, 수달, 여우, 표범, 호랑이 등이 멸종 위기 야생 생물 Ⅰ급인 동물이란다.

S 양식 養殖

기를 양 / 번성할 식

물고기나 해조, 버섯 따위를 인공적으로 길러서 번식하게 하는 것.

자연에서 스스로 나고 자라는 게 아니라,
사람이 일부러 길러서 번식하게 하는 걸 양식이라고 해.

신기방기! 뿡뿡방기! **조금 더 알아보자!**

자연산 버섯과 양식 버섯의 가격 차이가 크게 나서 놀랐지? 양식 중에서도 수산물을 양식하는 건 많이 들어봤을 거야. 특히 생선이나 조개류 양식은 많이 보편화되어 있어. 생선 중에서도 광어, 조개류 중에서도 가리비와 굴은 자연산보다 양식이 훨씬 더 많아.

부화 孵化

孵 알 깔 부 | 化 될 화

동물의 알 속에서 새끼나 애벌레가
껍데기를 깨고 밖으로 나오는 것.

땅에서 알을 낳는 닭과 달리,
도롱뇽이나 개구리와 같은 양서류는
물속에서 알을 낳는대!

신기방기! 뿡뿡방기! **조금 더 알아보자!**

부화하는 방식은 여러 가지가 있어. 병아리처럼 두꺼운 알껍데기를 알 속 생물이 직접 깨트려서 나오는 방법이 있고, 개구리와 도롱뇽처럼 효소로 녹여서 나오는 방법이 있지. 그리고 인공 부화도 있어. 인공 부화는 말 그대로 사람이 인공적으로 알을 부화시키는 걸 말해.

S 번식 繁殖

번성할 번 번성할 식

동물이나 식물의 수가 늘어 많이 퍼지는 것.

동물이나 식물의 수가 늘어나서
널리 퍼져 나가는 걸 번식이라고 해.
동물의 번식 방법과 식물의 번식 방법에는 많은 차이가 있어.

신기방기! 뿡뿡방기! 조금 더 알아보자!

동물의 번식 방법을 '짝짓기'라고 하지? 동물은 짝짓기를 통해 새끼를 낳아. 그렇게 자기 자손의 수를 계속해서 늘리지.

반면, 식물의 번식 방법은 짝짓기와 많이 달라. 식물은 수술이 암술로 옮겨지는 '꽃가루받이'를 해. 그러면 꽃이 생기는데, 꽃이 시들면서 그곳에 씨를 맺는 방법으로 번식하지. 그래서 씨는 식물이 번식하는 데 매우 중요한 역할을 한단다.

척추동물 脊椎動物

脊 등마루 척 | 椎 쇠몽치 추 | 動 움직일 동 | 物 물건 물

척추(등뼈)가 있는 동물.

지금 등 한가운데를 쭉 만져보면 뼈가 느껴지지?
그게 바로 척추야.
우리도 척추가 있기 때문에 척추동물이라고 할 수 있어.

신기방기! 뿡뿡방기! **조금 더 알아보자!**

척추동물의 종류로는 물속에 사는 **어류**, 개구리처럼 물과 땅에서 사는 **양서류**, 비늘이 있고 폐로 숨을 쉬는 **파충류**, 깃털이 있는 **조류**, 새끼를 낳고 젖을 먹이는 **포유류**. 이렇게 다섯 가지의 종류가 있어. 이 중, 인간은 아기를 낳고 젖을 먹이기 때문에 포유류에 해당해.

S 무척추동물

無	脊	椎	動	物
없을 무	등마루 척	쇠몽치 추	움직일 동	물건 물

척추(등뼈)가 없는 동물.

척추가 없는 동물을 무척추동물이라고 해.
개미, 나비와 같은 곤충은 척추가 없어서 무척추동물이야.

신기방기! 뿡뿡방기! **조금 더 알아보자!**

무척추동물은 어떻게 자기 몸을 보호할까? 척추가 없으면 몸이 약할 거라고 생각하기 쉽지만 그렇지 않아. 무척추동물도 나름대로 자신의 몸을 보호하기 때문이지. 지렁이는 몸이 부드러우니 좁은 곳도 쉽게 갈 수 있어서 잘 숨을 수 있어. 오징어나 문어 같은 동물은 물속에서 빠르게 이동할 수 있기 때문에 잘 도망칠 수 있어. 개미는 피부가 키틴질이라는 물질로 이루어져 있어서 단단한 피부로 몸을 보호해.

양서류 兩棲類

두 양 / 깃들일 서 / 무리 류

어류와 파충류의 중간 단계에 해당하는 척추동물.

양서류는 물에서뿐만 아니라
육지에서도 모두 생활할 수 있어.
신기하지?

신기방기! 뿡뿡방기! **조금 더 알아보자!**

양서류는 대부분 알에서 태어나. 그리고 물속에서 아가미로 호흡하는 유생(올챙이) 단계를 지나지. 이후에 성장하면서 허파와 피부로 호흡하는 육지 생활을 해. 이때, 건조한 환경에서는 쉽게 수분을 잃어서 살기 어렵다고 해. 체온이 주변 환경에 따라 변하는 변온 동물인 것도 양서류의 특징이야.

S 파충류 爬蟲類

爬 긁을 파 蟲 벌레 충 類 무리 류

비늘로 덮인 피부를 가진 변온성 척추동물.

파충류는 주로 육지에서 생활해.
양서류보다는 육상 생활에 더 적응했어.

신기방기! 뿡뿡방기! **조금 더 알아보자!**

파충류는 건조한 비늘 피부를 가지고 있어. 단단한 비늘로 피부가 덮여 있어서 수분이 날아가는 걸 막을 수 있지. 그래서 양서류와는 달리 건조한 환경에서도 잘 살 수 있어. 그리고 양서류는 피부 호흡을 하는데, 파충류는 완전히 허파로만 호흡해. 체온이 주변 환경에 따라 변하는 변온 동물이고, 햇볕을 쬐면서 체온을 조절한단다.

변온 동물

變 溫
변할 변 따뜻할 온

V

바깥 온도에 따라 체온이 변하는 동물.

변온 동물은 자신의 체온을 일정하게 유지할 수 없어.
외부 온도에 영향을 아주 많이 받지.

신기방기! 뿡뿡방기! **조금 더 알아보자!**

변온 동물은 온도가 높을 때 활동이 활발해지고, 온도가 낮으면 활동이 둔해지거나 겨울잠을 자. 대표적으로 대부분의 물고기는 주변 물의 온도에 따라 체온이 변하는 변온 동물이야. 물고기 말고도 개구리와 도롱뇽 같은 양서류, 뱀과 거북이 같은 파충류 그리고 대부분의 곤충이 변온 동물에 해당해.

S 정온 동물 定溫

정할 정 따뜻할 온

바깥 온도에 관계없이 체온을 일정하게 유지할 수 있는 동물.

변온 동물과 다르게, 정온 동물은 자신의 체온을
일정하게 유지할 수 있어.
스스로 체온을 조절할 수 있으니까 다양한 활동을 할 수 있겠지?

신기방기! 뿡뿡방기! 조금 더 알아보자!

정온 동물은 날씨가 더울 때 땀을 흘리거나 피부 혈관을 확장해서 체온을 낮춰. 반대로 날씨가 추울 때는 근육을 떨게 해서 열을 만들지. 털과 지방층을 이용해서 체온을 유지하고, 심박수와 호흡수를 늘려 열을 발생시키기도 해. 그러니까 당연히 겨울철에 겨울잠을 잘 필요가 없겠지?

정온 동물에는 포유류와 조류가 해당해. 포유류는 36~38℃, 조류는 40~42℃로 체온을 유지한대. 그래서 포유류인 인간은 36.5℃가 평균 온도인 거야!

감각 感覺

느낄 감 깨달을 각

우리 몸이 외부 자극을 받아들이는 것.

감각이란, 우리 몸이 외부 환경을 느끼는 과정을 말해.
눈, 귀, 코, 혀, 피부 같은 감각 기관을 통해
외부 자극을 정보로 받아들이지.

신기방기! 뿡뿡방기! **조금 더 알아보자!**

감각 기관에 대해 얼마나 알고 있니? 우리 몸은 다섯 가지 감각을 지니고 있어. **시각**, **청각**, **후각**, **미각**, **촉각** 이렇게 말이지.

시각을 담당하는 감각 기관은 어디일까? 맞아, 바로 눈이야! 청각을 담당하는 감각 기관은? 귀지! 후각을 담당하는 감각 기관은 코, 미각을 담당하는 감각 기관은 혀, 마지막으로 촉각을 담당하는 감각 기관은 피부야!

이 다섯 가지의 감각 기관 덕분에 우리가 외부 자극을 받아들일 수 있는 거야.

반응 反應

돌이킬 반 응할 응

외부 자극에 대해 우리 몸이 어떤 행동을 하는 것.

감각이 자극을 '받아들이는 것'이라면,
반응은 '그것에 따라 우리 몸이
움직이거나 변하는 것'을 말해!

신기방기! 뿡뿡방기! **조금 더 알아보자!**

반응의 예를 한번 알아볼까?

- 갑자기 밝은 빛을 바라보면 ⋯› 눈을 찡그리게 돼.
- 공이 날아오면 ⋯› 잡으려고 하거나, 피하게 되지.
- 갑자기 큰 소리가 나면 ⋯› 깜짝 놀라서 움찔하게 되고.
- 갑자기 뜨거운 물건을 만지게 되면 ⋯› 손을 확 떼게 돼.

반응의 예시가 정말 많지? 이렇게 우리 몸은 계속해서 수많은 자극에 대해 반응하고 있어.

들숨

공기를 폐로 들이마시는 숨.

우리가 숨을 들이마시면 우리 몸 안으로 산소가 들어오게 돼.
그래서 몸통이 부풀어 오르는 거야!

신기방기! 뿡뿡방기! 조금 더 알아보자!

숨을 들이마시면, 먼저 우리 몸의 횡격막이 내려가. 횡격막은 폐 아래에 있는 근육인데, 이게 내려가서 폐의 공간이 넓어지지. 또, 갈비뼈가 올라가. 그러면 가슴이 더 커지겠지? 이때 폐에 공기가 들어오는 거야. 우리 몸으로 들어온 산소는 혈액으로 전달돼서 몸 구석구석까지 퍼지게 돼.

날숨

몸속 공기를 폐에서 내보내는 숨.

날숨으로 폐에 있던 이산화 탄소가 밖으로 나가면서
입에서 따뜻한 공기가 나오고 가슴이 포그라들게 돼.

신기방기! 뿡뿡방기! **조금 더 알아보자!**

그러면 날숨은 어떻게 일어날까? 먼저 들숨과는 반대로 우리 몸의 횡격막이 올라가. 횡격막이 올라가면서 폐를 누르지. 또, 갈비뼈가 내려가서 가슴이 작아져. 이때 폐에서 공기가 나가게 돼. 몸에서 사용하고 남은 이산화 탄소가 공기와 함께 몸 밖으로 나가는 거야.

뼈

몸을 구성하고 신체를 지탱하는 조직.

뼈는 우리 몸을 구성하고 있는 조직이야.
주로 칼슘과 인으로 이루어져 있지.

신기방기! 뿡뿡방기! **조금 더 알아보자!**

뼈는 왜 있는 걸까? 바로 우리 몸을 지탱하고 보호해 주기 위해서야. 머리에 있는 두개골은 뇌를 보호하고, 몸통에 있는 갈비뼈는 심장과 폐를 보호하지. 또, 우리 몸을 움직일 수 있게 도와줘. 예를 들어, 팔은 팔꿈치 뼈가 있기 때문에 움직일 수 있는 거야. 뼈는 혈액을 생성하는 일도 해. 뼈의 골수라는 곳에선 혈액 세포를 만들지.
어때? 정말 중요한 역할을 하지? 그러니까 부러지지 않게 조심, 또 조심!

근육 筋 肉

힘줄 근 고기 육

사람이나 동물의 몸, 내장 등의 운동을 담당하는 기관.

사람의 몸에는 약 600개 이상의 근육이 있대.
심장도 근육으로 이루어져 있어서,
심장이 뛰는 것도 근육이 수축과 이완을 반복하는 거래!

신기방기! 뿡뿡방기! 조금 더 알아보자!

걷고, 뛰고, 손을 움직이고, 눈을 깜빡이는 것! 이 모든 건 근육 덕분이야. 근육을 키우기 위해선 운동을 해야 해. 운동을 하면 근육에 더 많은 자극이 가면서 근육이 커지고 강해져. 그래서 규칙적으로 운동하는 게 아주 중요해. 그리고 단백질, 비타민, 미네랄을 포함한 균형 잡힌 식사를 통해 근육이 잘 자랄 수 있도록 도와줘야 해.

그렇다고 운동하는 것만 중요한 건 아니야. 운동을 하고 나서 충분히 쉬어 주는 것도 근육을 키우는 중요한 비결 중 하나란다!

소화 消 化

사라질 소 될 화

먹은 음식물 속의 영양소가 우리 몸에 흡수될 수 있도록 잘게 분해하는 과정.

방기가 햄버거를 삼키니까 사라져 버렸어!
이렇게 음식물을 삼키는 것부터 소화의 시작이야.
음식물이 입 안을 시작으로 우리 몸속의 여러 소화 기관을 거치면서
영양소로 잘 흡수되도록 하는 거지.
그나저나 햄버거 또 먹고 싶네!

신기방기! 뿡뿡방기! 조금 더 알아보자!

우리 몸의 소화 기관으로는 입, 식도, 위, 작은창자, 큰창자 등이 있어. 그리고 소화가 잘 되도록 도와주는 기관으로 간, 쓸개가 있지. 이 중에 한 기관이라도 문제가 생기면 우리 몸은 음식물을 먹고도 소화를 잘 시킬 수 없어. 장염에 걸리거나, 체하는 것 등이 다 소화 기관에 문제가 생겨서 일어나는 일이야. 그러니까 모든 기관이 골고루 건강해야 해. 소화 기관이 건강하려면 음식은 천천히 꼭꼭 씹어서 먹고, 먹은 뒤에 바로 눕거나 뛰지 않아야 해!

S 배설 排泄

밀칠 배 샐 설

몸 안에 생긴 노폐물을 몸 밖으로 내보내는 것.

우리 몸의 여러 기관이 열심히 일을 하다 보면
해로운 물질들이 만들어져.
이런 물질들을 몸 밖으로 내보내야
우리 몸이 건강한 상태를 유지할 수 있지.
그래서 땀이나 오줌, 똥으로 노폐물을 밖에 내보내!

신기방기! 뿡뿡방기! **조금 더 알아보자!**

땀은 땀샘을 통해 몸 밖으로 나와. 오줌은 혈액 속의 노폐물과 수분이 콩팥에서 걸러져 방광에 모이고, 어느 정도 모이면 요도를 통해 몸 밖으로 나가게 돼. 똥은 음식에서 영양분이 흡수되고 남은 찌꺼기야. 우리가 음식을 먹으면 위를 거쳐 소장으로 내려가는데, 이때 영양분이 흡수돼. 그리고 대장으로 내려가면 수분까지 흡수되면서 찌꺼기만 남게 되는 거야. 그러니까 배설 기관이 일을 제대로 하지 못하면 우리는 오줌이나 똥을 싸는 것도 엄청나게 힘들어지고, 심지어는 병에 걸릴 수도 있어. 배설 기관이 얼마나 소중한 기관인지 알겠지?

교과 연계

3학년 1학기	힘과 우리 생활
3학년 2학기	소리의 성질
4학년 1학기	자석의 이용
	물의 상태 변화
4학년 2학기	밤하늘 관찰
5학년 1학기	빛의 성질
5학년 2학기	열과 우리 생활
	자원과 에너지
6학년 1학기	물체의 운동
6학년 2학기	전기의 이용

3장 운동과 에너지

탄성력 vs 마찰력

관성 vs 가속도

충격 vs 압축

(빛의) 직진 vs (빛의) 반사

음속 vs 광속

승강 vs 낙하

직렬 vs 병렬

인력 vs 척력

위치 에너지 vs 운동 에너지

열에너지 vs 빛에너지

증발 vs 끓음

단열 vs 방한

에너지 전환 vs 에너지 보존

대류 vs 전도

전류 vs 전압

탐사 vs 궤도

탄성력 彈性力

彈 탄알 탄 | 性 성품 성 | 力 힘 력

V

물체가 모양이 변했다가 원래의 모양으로 되돌아가려는 힘.

고무줄을 늘였다가 놓으면 다시 원래대로 돌아가지?
이렇게 물체가 모양이 변했다가
원래의 모양으로 되돌아가려는 힘을 탄성력이라고 해.
고무줄, 용수철이 대표적인 예지.
그러니까 스카이콩콩에 용수철을 달아서
탄성력으로 움직이게 하는 거야!

신기방기! 뿡뿡방기! 조금 더 알아보자!

나무토막, 플라스틱 조각 같은 것들은 아무리 힘을 가해도 모양이 잘 변하지 않아서 탄성력이 약해. 그렇지만 고무줄이나 용수철은 힘을 가하면 모양이 많이 변하고, 모양이 많이 변할수록 탄성력이 커져. 푹신푹신한 침대, 몸무게를 재는 체중계, 뜀틀 앞의 도움닫기 발판, 양궁의 활 등 탄성력을 이용한 예는 정말 많아!
이 외에도 일상생활에서 탄성력이 사용되는 예시를 더 찾아볼까?

S 마찰력

摩	擦	力
문지를 마	비빌 찰	힘 력

두 물체의 접촉면 사이에서 물체의 운동을 방해하는 힘.

두 물체의 접촉면 사이에서
물체의 운동을 방해하는 힘을 마찰력이라고 해.
마찰력이 작으면 미끄럽고, 마찰력이 크면 미끄럽지 않아.

신기방기! 뿡뿡방기! 조금 더 알아보자!

마찰력이 작아야 좋을 때가 있고, 커야 좋을 때가 있어.
마찰력이 작아야 좋을 때는 스케이트장에서 스케이트를 탈 때야. 얼음과 스케이트 신발 사이의 마찰력이 작아야 슝슝~ 잘 미끄러지지.
반대로 마찰력이 커야 좋을 때는 눈 오는 날 자동차 바퀴에 체인을 감았을 때야. 체인은 마찰력을 크게 해서 눈길에서도 안전하게 운전할 수 있게 해. 고무장갑에도 오돌오돌하게 돌기가 많이 있지? 그 돌기는 설거지를 할 때 세제 때문에 미끄러워서 그릇을 놓칠 수도 있으니까 마찰력을 키우려고 만드는 거야.

관성 慣性
익숙할 관 성품 성

V

물체가 외부에서 힘을 받지 않는 한,
현재의 운동 상태를 계속 유지하려는 성질.

버스가 멈췄을 때, 나와 방기의 몸이
계속 앞으로 가는 상태를 유지하려고 해서 몸이 기울었어.
자칫 넘어질 뻔했지 뭐야!
이렇게 운동 상태를 유지하려는 성질을 관성이라고 해.
뉴턴의 제1법칙이기도 하지.

신기방기! 뿡뿡방기! **조금 더 알아보자!**

자동차가 달리다가 갑자기 멈추면 승객이 앞으로 쏠리는 현상, 반대로 정지해 있던 버스가 갑자기 출발해서 승객의 몸이 뒤로 기울어지는 현상, 순식간에 식탁보를 잡아당기면 식탁보 위의 물건이 거의 움직이지 않고 그대로 있는 현상 등은 모두 관성의 예야. 이 외에도 일상생활에서 일어나는 관성의 예는 무엇이 있을까?

가속도 加速度

더할 가 · 빠를 속 · 법도 도

물체의 속도가 변하는 정도.

관성이 변화를 거부하는 성질이라면,
가속도는 운동 상태인 속도가 변하는 정도를 의미해.

신기방기! 뿡뿡방기! **조금 더 알아보자!**

자전거를 탈 때 페달을 세게 밟으면 자전거의 속도가 더 빨라지지? 이게 양의 가속도가 적용된 예야. 반대로 오르막길에 오를 때는 자전거의 속도가 점점 줄어들겠지? 이것도 가속도의 예인데, 음의 가속도가 적용된 예야.

충격 衝擊

찌를 충 칠 격

V

물체에 급격히 가해지는 힘.

물체에 급격히 가해지는 힘을 충격이라고 해.
원래라면 사람이 받을 충격을
에어매트가 흡수해 줘서 다치지 않았던 거야.
휴, 얼마나 다행인지!

신기방기! 뿡뿡방기! 조금 더 알아보자!

올림픽 경기 중에 뜀틀 경기를 본 적 있니? 선수가 아주 빠른 속도로 달려갔다가 도움닫기를 해서 멋지게 뜀틀을 짚지? 그리고 여러 바퀴 돌아서 땅에 착지하잖아. 이때 바닥에 깔려 있는 건 뭘까? 맞아, 매트야. 이 매트가 깔려 있는 이유는 선수들이 받을 충격을 흡수해서 부상을 방지하기 위함이야.

전기가 몸에 닿아서 충격을 받는 건 뭐라고 할까? 맞아. 감전이야! 영어로는 electric shock(일렉트릭 쇼크)라고 해. 감전되면 굉장히 위험하기 때문에 감전되지 않도록 조심해야 한단다.

S 압축 壓縮 (누를 압, 줄일 축)

물질 따위에 압력을 가하여 그 부피를 줄이는 것.

압축시키는 예로는 냉장고가 있어.
냉장고에서는 기체를 압축시키면서 열을 흡수하고,
다시 팽창시키면서 열을 밖으로 내보내지.
그래서 냉장고 안이 시원할 수 있는 거야.

신기방기! 뿡뿡방기! 조금 더 알아보자!

'고압가스 주의!' 표지판을 한 번쯤은 봤을 거야. 높은 압력을 줘서 압축시킨 가스를 고압가스라고 해. 압력이 높은 가스는 에너지를 많이 가지고 있어서 잘못 다루면 큰 재해가 일어날 수도 있어. 그래서 조심히 다뤄야 해.

또, 동그랗게 생긴 압축 물휴지를 본 적 있니? 물을 부으면 압축되었던 물휴지가 물을 흡수하면서 커지게 돼. 말려 있는 채로 커진 물휴지를 돌돌 풀어내면 네모 모양의 물휴지가 되지. 이렇게 다양한 곳에서 압축한 것들을 볼 수 있어.

(빛의) 직진 直進

直 곧을 직 進 나아갈 진

빛이 곧게 나아가는 성질.

빛은 공기 중에서 곧게 뻗어나가기 때문에
직진한다고 할 수 있어!

신기방기! 뿡뿡방기! **조금 더 알아보자!**

혹시 바늘구멍사진기를 만들어 본 적 있니? 바늘구멍사진기는 위아래에 있는 작은 구멍을 통해 빛을 받아서 촬영하는 사진기야. 바늘구멍사진기로 물건을 보면 거꾸로 보이는데, 이것도 빛의 직진과 관련이 있어. 바늘구멍으로 들어오는 빛이 직진하니까 위에서 들어오는 빛은 아래로 가고, 아래에서 들어오는 빛은 위로 가게 돼서 상이 거꾸로 맺히게 되는 거야.

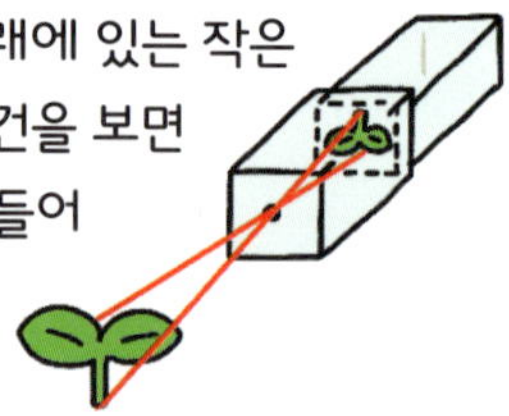

S (빛의) 반사 反射

돌이킬 반 쏠 사

빛이 직진하다가 물체를 만나면
물체의 표면에서 진행 방향이 꺾여 되돌아 나오는 현상.

신기가 이제 과학적으로 장난을 치기 시작했어!
이렇게 빛이 직진하다가 거울과 같은 물체를 만나서
되돌아 나오는 현상을 반사라고 해.

신기방기! 뿡뿡방기! **조금 더 알아보자!**

평평하고 매끄러운 표면에 빛이 반사되면 일정한 각도로 빛이 반사되기 때문에 상이 또렷하게 맺히지만, 매끄럽지 않은 표면으로 빛이 들어오면 여러 방향으로 빛이 반사돼. 이게 잔잔한 물 위에 내 얼굴을 비추면 또렷하게 보이지만, 출렁이는 물 위에서는 내 얼굴이 일렁거리게 보이는 이유야.

음속 音速

소리 음 빠를 속

V

소리의 속도.

속도는 얼마나 빠른지를 알려 주는 정도인데,
그렇다면 소리의 속도인 음속은 대체 얼마일까?

신기방기! 뿡뿡방기! **조금 더 알아보자!**

소리는 1초에 약 340m를 이동한대. 다시 말해, 초속 340m의 속력을 가지지. 10초면 3,400m를 가는 속도니까 정말 빠른 속도지? 1분이면 204,000m를 간대! 1시간이면 12,240,000m, 그러니까 12,240km를 이동하는 것이니 정말 무지하게 빠르다, 빨라!

S 광속 光速

光 빛 광 | 速 빠를 속

빛의 빠르기.

빛의 빠르기를 광속이라고 해.
'빛의 속도로 달린다!'라는 말 들어봤지?
그만큼 빠르다는 뜻이야.
그렇다면 광속은 얼마나 빠를까?

신기방기! 뿡뿡방기! **조금 더 알아보자!**

빛은 1초에 약 30만km를 가. 소리가 1초에 약 340m를 간다고 했지? 그러니까 빛이 소리보다 훨씬 빠른 셈이야. 그래서 천둥번개가 칠 때 번쩍거리는 빛이 먼저 보인 뒤에 우르릉 쾅쾅 소리가 나는 거란다! 신기하지?

승강 昇降

오를 승 내릴 강

오르고 내림.

승강이란, 위로 올라가거나 아래로 내려가는 걸 말해.
우리가 일상생활에서 사용하는
엘리베이터, 케이블카, 리프트 등이 승강을 이용한 시설이지.

신기방기! 뿡뿡방기! 조금 더 알아보자!

승강기는 언제 발명되었을까? 기원전 236년, 고대 그리스 수학자 아르키메데스가 도르래와 밧줄을 이용해 승강기를 발명했대. 우리가 지금 쓰는 모습의 승강기는 1852년에 개발됐어. 엘리샤 오티스라고 하는 미국의 발명가가 안전장치가 있는 승강기를 개발했지.

낙하 落 下

떨어질 낙 | 아래 하

높은 곳에서 낮은 곳으로 떨어짐.

낙하는 물체가 위에서 아래로 떨어지는 현상을 말해.
잡고 있던 공을 손에서 놓으면 어떻게 될까?
땅으로 떨어지겠지?
이게 바로 낙하!

신기방기! 뿡뿡방기! 조금 더 알아보자!

물체가 이렇게 낙하하는 이유는 중력 때문이야. 중력은 지구가 물체를 잡아당기는 힘인데, 지구에서는 모든 물체가 초속 9.8m의 속도로 가속이 붙으면서 낙하해. 이 사실을 발견한 사람은 바로 아이작 뉴턴이야. 아이작 뉴턴은 떨어지는 사과를 보고 중력을 연구하기 시작했대. 눈썰미가 대단하지?

직렬 直 列

곧을 직 줄 열

V

전기 회로에서 발전기, 축전기, 전지 따위를 일렬로 연결하는 일.

직렬연결은 전기 회로에서
부품들을 한 줄로 연결하는 방식이야.
한 줄로 연결되어 있기 때문에
회로 중간의 부품이 하나라도 망가지면
전체 회로가 작동하지 않지.

신기방기! 뿡뿡방기! 조금 더 알아보자!

직렬연결이 사용되는 곳은 어디일까? 바로 어두운 곳에서 꼭 필요한 손전등이야. 크리스마스 조명도 직렬연결이 많지. 직렬연결은 전압을 높일 수도 있고 전류를 일정하게 흐르도록 한다는 장점이 있지만, 하나만 고장 나도 전체가 멈춘다는 단점이 있어.

S 병렬 竝 列

나란히 병 | 줄 열

전기 회로에서 발전기, 축전기, 전지 따위의 극을 같은 극끼리 연결하는 일.

맞아! 병렬연결을 하면 전류가 여러 갈래로 흐르기 때문에
한 부품이 고장 나도 나머지는 계속 작동하지.

신기방기! 뿡뿡방기! 조금 더 알아보자!

병렬연결은 어디에 사용될까? 우리가 가정에서 쓰는 전기 시스템은 모두 병렬연결이야. 안방 스위치를 내려도 거실 전등은 환하게 켜져 있는 걸 보면 알 수 있지. 자동차의 조명 시스템도 마찬가지야. 밖에 있는 헤드라이트를 꺼도 자동차 실내등은 계속 켜져 있어. 이렇게 각 부품을 독립적으로 사용해야 할 때 병렬연결을 많이 사용하고 있어.

인력 引力

끌 인 힘 력

물체가 서로를 끌어당기는 힘.

중력도 인력의 한 종류야.
질량을 가진 모든 물체 사이에는 인력이 작용해.

신기방기! 뿡뿡방기! **조금 더 알아보자!**

인력은 모든 물체 사이에 존재해. 그리고 물체 간 거리가 가까울수록 강해지지. 또, 물체의 질량이 클수록 인력이 커져. 중력과 전자기력*은 인력의 대표적인 예란다.

* 전기나 자기에 의한 힘을 통틀어 이르는 말.

S 척력 斥力

斥 물리칠 척 力 힘 력

물체를 서로 밀어 내는 힘.

척력은 서로 밀어 내는 힘이니까
인력의 반대 개념이겠지?

신기방기! 뿡뿡방기! **조금 더 알아보자!**

척력은 같은 종류의 전하와 같은 종류의 극끼리 작용해. +전하는 +전하를 밀어 내고, −전하는 −전하를 밀어 내지. 그리고 N극은 N극을 밀어 내고 S극은 S극을 밀어 내.

인력과 마찬가지로 척력도 거리와 관련이 많아. 두 물체가 가까울수록 척력이 강해지고, 멀어질수록 약해져.

위치 에너지 位 置 자리 위 둘 치

V

어떤 위치에 있기 때문에 생기는 에너지.

위치 에너지란, 어떤 위치에 있기 때문에 생기는 에너지를 말해.
물체가 높은 곳에 위치하면 더 많은 에너지를 가지게 되지.

신기방기! 뿡뿡방기! **조금 더 알아보자!**

위치 에너지는 어떻게 생길까? 위치 에너지는 주로 중력과 관련이 있어. 지구에는 지구 중심으로 끌어당기는 힘인 중력이 있어서 모든 물체가 아래로 떨어져. 만약 어떤 물체가 높은 곳에 있다면, 지구 중심을 향해 떨어질 준비가 되어 있는 상태니까 그만큼의 에너지가 생기게 되는 거지.

S 운동 에너지 運動 (옮길 운, 움직일 동)

물체가 움직일 때 가지는 에너지.

물체가 움직일 때 가지는 에너지를 운동 에너지라고 해.
움직이는 모~든 물체는 운동 에너지를 가지고 있다고 생각하면 돼.

신기방기! 뿡뿡방기! **조금 더 알아보자!**

운동 에너지는 어떻게 달라질까? 운동 에너지는 무게가 무거울수록 커져. 또, 속도가 빠를수록 커지지. 무거운 물체가 엄청 빠른 속도로 이동한다면, 엄청나게 큰 운동 에너지를 가지고 있다고 보면 돼. 우리가 빠르게 달리는 자동차를 조심해야 하는 이유가 바로 이것 때문이야. 달리는 자동차 말고도 굴러가는 공, 자전거, 뛰어가는 사람까지도 모두 운동 에너지를 가지고 있는 상태야.

열에너지 熱 더울 열

물질을 구성하는 분자나 원자가 움직이면서 발생하는 에너지.

열에너지는 물질을 구성하는 분자나 원자가
움직이면서 발생하는 에너지를 말해.
온도가 높을수록 움직임이 활발해져서 열에너지가 많아져.

신기방기! 뿡뿡방기! 조금 더 알아보자!

열에너지는 어떻게 활용될까? 겨울철 난방 기구를 떠올려 보자. 우리는 보일러나 난로 덕분에 따뜻한 열에너지를 얻을 수 있어. 가정에서 흔히 쓰는 전자레인지도 복사열을 이용해 음식을 빠르게 데우기 때문에 열에너지가 활용되고 있지.
반대로 우리가 뜨거운 음식을 먹을 때는 후후~ 불면서 먹지? 이건 뜨거운 열에너지가 우리가 내뿜는 숨 때문에 멀어져서 식는 현상을 이용한 거야.

S 빛에너지

빛이 가지고 있는 에너지.

태양, 전구, 불꽃 등에서 방출되는 빛이 가진 에너지를 빛에너지라고 해.
우리 눈에 보이는 가시광선뿐만 아니라
자외선, 적외선도 빛에너지라고 할 수 있어.

신기방기! 뿡뿡방기! **조금 더 알아보자!**

빛은 직진하는 성질, 반사되는 성질, 굴절되는 성질이 있어. 그리고 분산될 수도 있지. 신기가 했던 것처럼 빛을 프리즘 같은 물체에 통과시키면, 빛이 여러 색깔로 나뉘며 무지개가 생겨. 또, 빛에너지는 열이나 전기로 변환되기도 해. 태양광 패널은 빛에너지를 전기 에너지로 변환시켜서 전기를 생산한단다.

증발 蒸發

찔 증 필 발

액체 상태에서 기체 상태로 변하는 현상.

증발은 액체의 표면에서 액체가 기체로 변하는 현상을 말해.
액체인 물이 증발하면 기체인 수증기로 변하겠지?
그런데 수증기는 우리 눈에는 안 보이잖아.
그러니까 증발한 물은 사라지는 게 아니라,
기체로 변해서 공기 중으로 날아가는 거야.

신기방기! 뿡뿡방기! 조금 더 알아보자!

증발이 잘 되는 조건에 대해 알아보자!

온도가 높을수록! 햇볕이 강한 날에 빨래가 더 잘 마르겠지?

바람이 많이 불수록! 땀을 흘리고 나서 선풍기 바람을 쐬면 땀이 빨리 사라지지?

습도가 낮을수록! 축축한 날보다 건조한 날에 옷이 더 잘 말라.

S 끓음

액체의 표면과 내부로부터 모두 기포가 발생하면서 액체가 기체로 변하는 현상.

증발하는 것과 끓는 것 모두 액체가 기체로 변한다는 건 같지만,
증발은 액체 표면에서만 일어나.
끓음은 액체의 안쪽, 그러니까 액체 전체가 기체로 변하는 거지!

신기방기! 뿡뿡방기! 조금 더 알아보자!

'끓는점'에 대해 알고 있니? 끓는점이란, 액체가 끓기 시작하는 특정한 온도를 말해. 액체마다 끓는점이 모두 다르지. 물은 100℃에서 끓고 알코올은 78℃에서 끓어.
요리할 때 쓰는 압력솥은 솥 안의 압력이 세기 때문에 끓는점까지 빨리 올려서 음식이 더 빨리 익게 돼. 그래서 음식을 골고루 빨리 익혀야 할 때는 압력솥을 사용해.

단열 斷熱

斷 끊을 단 熱 더울 열

열의 이동을 막는 것.

열의 이동을 막는 걸 단열이라고 해.
단열재는 단열을 돕는 재료지.
겨울철에 입는 두꺼운 외투도 일종의 단열재라고 할 수 있어!
안에 있는 열이 바깥으로 나가지 않도록 막아서
따뜻함을 유지하는 거야.

신기방기! 뿡뿡방기! **조금 더 알아보자!**

단열을 하면 열의 이동을 막을 수 있어서 온도를 일정하게 유지할 수 있어. 보온병에 뜨거운 물을 넣으면 뜨거운 온도를 계속 유지하는 것도 단열의 원리라고 할 수 있단다.

S 방한 防寒

防 막을 방 · 寒 찰 한

추위를 막는 것.

추위를 막는 걸 방한이라고 해.
방한 옷, 방한모와 같은 방한용품은
겨울철에 추위를 막아주는 데 꼭 필요한 물건이지.

신기방기! 뿡뿡방기! **조금 더 알아보자!**

단열과 방한은 비슷한 개념이야. 둘 다 열의 이동을 막는다는 공통점이 있지. 그런데 방한은 추위를 막아 따뜻함을 유지하려는 것에 목적이 있어. 방한복은 공기층을 많이 포함하고 있는 솜털을 넣어서 차가운 바람이 들어오는 걸 최대한 막는단다.

에너지 전환 轉換

구를 전 바꿀 환

V

한 형태의 에너지가 다른 형태의 에너지로 변하는 것.

에너지는 여러 형태로 존재해.
한 형태에서 다른 형태로 언제든지 바뀔 수 있지.

신기방기! 뿡뿡방기! **조금 더 알아보자!**

에너지가 다른 에너지로 전환되는 예시는 다양해.

- 나무나 석탄을 태우면 열이 나온다: 화학 에너지 → 열에너지
- 전구를 켜면 빛이 나온다: 전기 에너지 → 빛에너지
- 풍력 발전기가 바람으로 전기를 만든다: 운동 에너지 → 전기 에너지
- 원자력 발전소에서 핵분열을 통해 전기를 만든다: 핵에너지 → 전기 에너지

이 외에도 매우 많은 예시가 있어. 에너지는 계속 다양하게 전환되면서 우리 삶과 산업에서 중요한 역할을 하는 중이야.

S 에너지 보존 保存
지킬 보 있을 존

에너지는 변하지만, 에너지의 총량은 변하지 않는 것.

에너지 보존 법칙은 물리학의 가장 기본적인 원리야.
에너지 전환이 일어나도 에너지의 총량은
절대 변하지 않는다는 뜻이지.

신기방기! 뿡뿡방기! **조금 더 알아보자!**

롤러코스터를 떠올려 볼까? 롤러코스터는 가장 높은 곳으로 올라가면 최대의 위치 에너지를 가지게 돼. 그리고 그 에너지를 가진 채 롤러코스터가 내려오면서 위치 에너지가 운동 에너지로 바뀌게 되지. 그래서 빨라지는 거야! 하지만 전체 에너지의 양은 바뀌지 않는단다.

대류 對流

대할 대 흐를 유

액체나 기체에서 온도 차이에 의해 물질이 이동함으로써 열이 전달되는 현상.

따뜻한 부분이 위로 올라가고, 차가운 부분이 아래로 내려오면서 자연스럽게 순환하는 걸 대류라고 해.

신기방기! 뿡뿡방기! **조금 더 알아보자!**

공장 굴뚝에서 뜨거운 연기가 나오는 걸 본 적 있니? 이 연기가 굴뚝 아래로 내려가지 않고, 하늘 위로 올라가는 걸 본 적 있을 거야. 뜨거운 공기가 위로 올라가려는 특성 때문에 그러는 거지. 또, 라면을 끓이기 위해 냄비에 물을 끓일 때도 냄비의 물이 저절로 순환해. 이것도 대류의 예란다.

S

전도 傳導

전할 전 인도할 도

고체에서 열이 직접 전달되는 방식.

고체에서 열이 직접 전달되는 방식을 전도라고 해.
열을 받으면 뜨거운 부분의 입자들이 빠르게 진동하면서
열을 옆으로 전달해.

신기방기! 뿡뿡방기! **조금 더 알아보자!**

뜨거운 국에 넣은 금속 숟가락이 함께 뜨거워지는 것도 전도의 예라고 할 수 있어. 이렇게 전도가 잘 일어나는 고체가 따로 있어. 전도가 잘 되는 고체를 열전도체, 전도가 잘 안되는 고체를 단열체라고 해. 구리, 알루미늄, 철과 같은 금속은 열전도체이고, 나무젓가락이나 고무장갑, 털장갑 등은 전도가 잘 일어나지 않는 단열체란다.

전류 電流

電 전기 전 | 流 흐를 류

전기가 흐르는 흐름.

전류는 전기가 흐르는 흐름을 말해.
마치 물이 파이프를 타고 흐르는 것처럼,
전선 속의 전자들이 이동하면서 흐르는 거지.

신기방기! 뿡뿡방기! **조금 더 알아보자!**

전류에는 직류와 교류가 있어. 직류는 전류가 한 방향으로만 흐르는 걸 말해. 건전지에서 나오는 전류가 바로 직류야. 교류는 전류의 흐름이 방향을 바꾸는 거야. 가정에서 사용하는 전기가 교류란다.

전류가 너무 세면 과열될 수 있기 때문에 전류를 안전하게 제어하는 게 중요해!

전압 電壓

전기 **전** 누를 **압**

전기가 흐를 수 있도록 밀어주는 힘.

전기가 흐를 수 있도록 밀어주는 힘을 전압이라고 해.
전압의 단위는 v(볼트)라고 하지.
우리가 일상생활에서 흔히 쓰는 AA 건전지는 1.5v야.
전압이 높을수록 힘이 세니까,
AA 건전지보다 9v 건전지가 더 힘이 센 거야!

신기방기! 뿡뿡방기! 조금 더 알아보자!

발전소에서 전기를 만들면 만들어진 전기를 전국 곳곳으로 이동시켜야 하는데, 이때 고압선이 필요해. 고압선은 전력을 먼 거리까지 전달하기 위해 사용하는 전선으로, 아주 높은 전압을 사용해서 전기를 전달하지. 보통 수천 v에서 수백만 v에 이르는 높은 전압을 사용해. 그래서 전선이 바닥에 닿으면 아주 위험하기 때문에 보통 높은 송전탑을 통해 공중에 설치하지. 고압선은 사람들이 근처에 접근하지 않도록 철저한 안전 관리가 필요해.

탐사 探査

찾을 탐 조사할 사

알려지지 않은 것을 자세히 살펴보고 알아보는 것.

이제 정말 인간이 화성에 가서 살 수 있는 시대가 오는 걸까?
아직 알려지지 않은 것을 자세히 살펴보고 알아보는 걸 탐사라고 해.
탐사를 하는 사람을 우리는 흔히 '탐험가'라고도 하지.

신기방기! 뿡뿡방기! 조금 더 알아보자!

탐사는 아직 알려지지 않은 걸 직접 조사하는 일이라서 어렵고, 힘들고, 위험하기도 해. 하지만 탐사를 통해 얻어낸 수많은 자원과 정보들 덕분에 우리가 발전할 수 있었어. 화성 탐사도 마찬가지야. 엄청난 돈과 자원이 필요하지만 계속 화성을 탐사하는 건 조금 더 나은 미래를 위해 발걸음을 내딛는 거라고 할 수 있어.

S 궤도 軌道

길 궤 길 도

타원 운동을 하는 물체의 운동 경로.

행성이나 혜성, 인공위성 등이
중력의 영향을 받아 다른 천체의 주위를 돌면서 그리는
일정한 곡선의 길이 궤도야.

신기방기! 뿡뿡방기! **조금 더 알아보자!**

방기가 우주 궤도에 올라 비행하고 싶다고 말했는데, 최초로 우주 궤도 비행을 성공한 동물은 어떤 동물일까? 바로 개야. 그 개의 이름은 라이카였지.
1957년 소련은 두 번째로 쏘아 올린 인공위성 '스푸트니크 2호'에 라이카를 태워 우주로 보냈어. 하지만 라이카는 안타깝게도 지구로 다시 돌아오진 못했다고 해.

교과 연계

3학년 2학기 지구와 바다
4학년 1학기 땅의 변화
4학년 2학기 밤하늘 관찰
5학년 1학기 지층과 화석
빛의 성질
5학년 2학기 날씨와 우리 생활
6학년 1학기 지구의 운동
6학년 2학기 계절의 변화

4장 지구와 우주

항성 vs 행성

공전 vs 자전

위성 vs 혜성

북극성 vs 남십자성

일식 vs 월식

백야 vs 극야

동지 vs 하지

여름의 남중고도 vs 겨울의 남중고도

지진 vs 화산

화성암 vs 퇴적암

이암 vs 사암

저기압 vs 고기압

강우량 vs 강수량

밀물 vs 썰물

적외선 vs 자외선

이슬 vs 안개

서리 vs 성에

항성 恒 星

항상 항 별 성

스스로 빛을 내는 높은 온도의 별.

맑은 날 밤하늘에 반짝반짝 빛나는 별을 본 적이 있을 거야.
방기처럼 빛이 나는데, 꼭 하늘에 붙은 것처럼
움직이지도 않는 별들이 있지?
이렇게 항상 스스로 빛을 낼 수 있으면서
제자리를 지키는 별을 항성이라고 해.
대표적인 항성으로는 태양이 있어.

신기방기! 뿡뿡방기! 조금 더 알아보자!

맑은 날 밤하늘을 쳐다보면 유난히 밝게 빛나는 별들을 볼 수 있어. 대부분은 움직이지 않고 스스로 빛을 내며 항상! 그 자리를 지키는 항성이야. 이 외에는 행성과 위성 등이 있지. 그렇다면 항성은 몇 개나 될까? 우리은하에만 무려 1,000억 개가 있다고 해! 우리가 태양처럼 두 눈으로 직접 볼 수 있는 별은 1,000억 개 중 극히 일부인 셈이야.

행성 行星

다닐 행 별 성

중심이 되는 별의 둘레를 각자의 궤도에 따라 돌면서, 자신은 빛을 내지 못하는 천체*.

움직이지 않고 고정된 방기 같은 별을 '항성'이라고 했었지?
신기는 항성 주위를 빙글빙글 돌면서 움직이는 별인 거야.
움직이는(行) 별(星)! 그래서 '행성'이란다.

신기방기! 뿡뿡방기! 조금 더 알아보자!

태양계의 행성은 수성(Mercury), 금성(Venus), 지구(Earth), 화성(Mars), 목성(Jupiter), 토성(Saturn), 천왕성(Uranus), 해왕성(Neptune)으로 모두 8개야.
그렇다면 태양계 밖에 있는 행성은 모두 몇 개일까? 2019년 2월을 기준으로 태양계 밖에서 4,000개에 달하는 외계 행성들이 발견되었다고 해! 그러니까 우주가 얼마나 크고 넓은지 알겠지?

* 천체에는 행성, 별, 위성, 소행성, 혜성 등이 포함된다. 즉, 행성은 천체의 하위 개념.

공전 公轉

공평할 공 | 구를 전

한 천체가 다른 천체의 둘레를 일정한 시간 간격으로 도는 것.

지금 방기가 내 주위를 돈 것처럼,
한 천체가 다른 천체의 둘레를
일정한 시간 간격으로 도는 걸 공전이라고 해.
지구가 일 년 동안 태양 주위를 한 바퀴 도는 게 바로 공전이지.

신기방기! 뿡뿡방기! 조금 더 알아보자!

태양계에 있는 행성은 모두 태양의 둘레를 주기적으로 공전해. 지구는 일 년 동안, 화성은 약 687일 동안 태양을 한 바퀴 돌아. 토성은 무려 29.46년마다 태양을 한 바퀴 공전한대.
지구는 서쪽에서 동쪽으로 공전해. 그래서 지구에 사는 우리는 태양이 동쪽에서 떠서 서쪽으로 지는 것처럼 보이는 거야.

S 자전 自 轉

스스로 자 구를 전

천체가 스스로 고정된 축을 중심으로 회전하는 운동.

방금 신기가 공전에 대해 알려 줬지?
이번에는 자전에 대해 알려 줄게!
자전은 자신이 가지고 있는 축을 중심으로 회전하는 걸 뜻해.
쉽게 말해, 지구와 같은 천체가 스스로 회전하는 거지!

신기방기! 뿡뿡방기! **조금 더 알아보자!**

지구의 자전은 남극과 북극을 잇는 자전축을 중심으로 회전하는 운동이야. 지구의 자전은 하루가 걸려. 지구가 자전하기 때문에 낮과 밤이 생기는 거지. 지구가 돌 때 태양을 등지고 있다면 밤이 되는 거고, 태양을 마주 보고 있으면 낮이 되는 거야.

만약 지구가 자전하지 않고 공전만 한다면 어떻게 될까? 어떤 나라는 1년 내내 낮일 거고, 어떤 나라는 1년 내내 밤일 거야.

위성 衛星

衛 지킬 위 | 星 별 성

행성의 끌어당기는 힘에 의해 그 둘레를 도는 천체.

행성이 끌어당겨서 그 둘레를 도는 천체가 위성이야.
별(星) 주위를 돌며 지켜 주는(衛) 셈이지.
지구의 주위는 유일하게 달만 돌고 있어.

신기방기! 뿡뿡방기! **조금 더 알아보자!**

다른 천체들도 위성을 가지고 있어. 지구는 단 하나뿐이지만, 토성과 목성은 각각 80개가 넘는 위성을 가지고 있지. 또, 천왕성은 29개의 위성을 가지고 있어. 위성이 없는 행성도 있는데, 수성과 금성은 위성이 없어. 위성이 없는 이유는 행성의 크기가 작은 데다 중력이 약하기 때문이래.

달은 지구의 유일한 위성이고, 인간이 직접 다녀온 유일한 천체야. 1969년 7월 21일에 아폴로 11호가 최초로 달에 착륙했단다.

S

혜성 彗 星

비혜 별성

얼음과 먼지로 이루어져 태양 주위를 공전하는 작은 천체.

혜성은 태양 주위를 타원이나 포물선 궤도로 돌아서
멀리 태양계 밖까지 나갔다가 다시 돌아온대!
그래서 어떤 사람이 갑자기 나타나 큰 주목을 받을 때,
혜성처럼 나타났다는 표현을 쓰는 거야.

신기방기! 뿡뿡방기! **조금 더 알아보자!**

혜성이 태양에 가까워지면 태양의 높은 열 때문에 먼지와 가스가 마구 날리면서 꼬리가 만들어져. 이때, 혜성의 꼬리는 혜성이 가는 방향의 반대 방향으로 생기지. 제일 유명한 혜성은 '핼리혜성'인데, 76년마다 한 번씩 태양을 돈다고 해. 핼리라는 사람이 이 주기를 알아채서 그의 이름을 따서 붙였단다.

북극성 北極星

북녘 북 | 다할 극 | 별 성

북극 근처에 있는 별로,
작은곰자리에서 가장 밝은 별.

북극성은 북쪽 하늘에 있어서 북반구에서만 쉽게 볼 수 있어.
북극성은 폴라리스라는 이름을 가지고 있는데,
라틴어로 북쪽을 뜻하는 단어에서 유래했다고 해.

신기방기! 뿡뿡방기! 조금 더 알아보자!

북극성은 작은곰자리의 끝부분에 있는 별이야. 작은곰자리에서 2개의 별을 따라가면, 그 선을 연장한 지점에 북극성이 있어. 북극성을 가장 밝은 별이라고 생각하는 사람들도 있는데 그렇지 않아. 물론 밝은 별이긴 하지만! 시리우스라는 별이 북극성보다 훨씬 더 밝단다.

S 남십자성 南十字星

남녘 남 / 열 십 / 글자 자 / 별 성

**남반구에서 매우 잘 보이는 별자리로,
십자형을 이루는 네 개의 별.**

북반구에서 북극성을 사용해 북쪽을 찾는 것처럼,
남반구에서는 남십자성을 통해 남쪽을 쉽게 찾을 수 있어.

신기방기! 뿡뿡방기! **조금 더 알아보자!**

남십자성은 주로 남반구의 겨울과 봄에 잘 보여. 네 개의 주요 별로 이루어져 있는데, 이 네 개의 별을 각각 알파크루시, 베타크루시, 감마크루시, 델타크루시라고 불러. 이 네 별이 십자 모양을 이루면서 뚜렷하게 보인단다.

일식 日蝕

해 일 좀먹을 식

태양이 달에 의해 가려지는 현상.

태양이 달에 의해 가려지는 현상을 일식이라고 해.
'태양-달-지구' 순서대로 일직선이 될 때 생기는 현상이지.

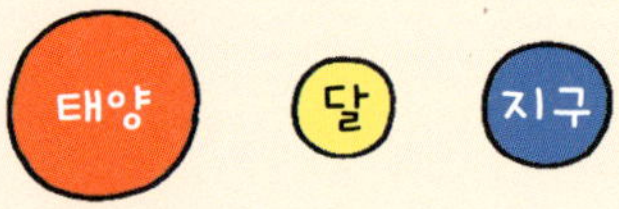

신기방기! 뿡뿡방기! **조금 더 알아보자!**

일식에는 몇 가지 종류가 있어. 대낮에도 어두워질 만큼 달이 완전히 태양을 가려버리는 **개기 일식**이 있고, 달이 태양의 일부만 가리는 **부분 일식**이 있어. 또, 달이 태양의 가운데를 가려서 꼭 반지 모양처럼 가장자리만 반짝이는 걸 **금환 일식**이라고 해.

S 월식 月 蝕

달 월 좀먹을 식

지구의 그림자에 달 일부나 전부가 가려지는 것.

지구의 그림자에 달 일부나 전부가 가려지는 걸 월식이라고 해.
월식은 '태양-지구-달'이 순서대로 늘어설 때 일어나지.

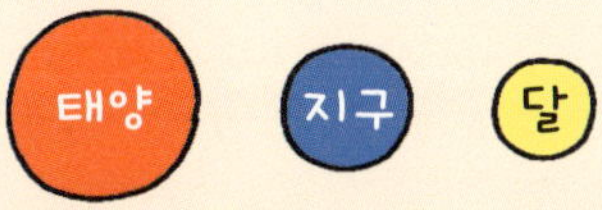

신기방기! 뿡뿡방기! **조금 더 알아보자!**

정확히 말하면, 지구가 달을 가리는 게 아니라 지구의 그림자 안에 달이 들어오는 거야. 지구의 그림자 때문에 달이 사라지는 거지. 만약 달이 지구 그림자 안에 모두 들어온다면 완전히 가려지겠지? 이걸 개기 월식이라고 해. 그런데 달이 지구 그림자 안에 일부분만 들어올 수도 있잖아. 그러면 달이 완전히 사라지지 않겠지. 이걸 부분 월식이라고 한단다.

백야 白夜

흰 백 밤 야

해가 지지 않아 밤에 어두워지지 않는 현상.

백야가 일어나는 대표적인 도시는 노르웨이의 노르카프인데,
여름철마다 백야를 감상하기 위해 많은 관광객들이 몰린다고 해.

신기방기! 뿡뿡방기! 조금 더 알아보자!

북극이라고 해서 1년 365일 매일 해가 떠 있는 건 아니야. 북극 지방에서는 하지 무렵에, 그러니까 여름에 백야가 일어나. 또, 북극에서만 백야를 볼 수 있는 것도 아니야. 남극 지방에서도 겨울에 백야를 볼 수 있어!

백야가 일어나는 이유는 지구의 자전축이 기울어져 있기 때문이야. 지구가 기울어진 채로 공전을 하게 되면, 태양 빛을 종일 받는 지역이 생기게 되거든. 그래서 백야 현상이 생기는 거야.

극야 極夜

極 다할 극 | 夜 밤 야

해가 뜨지 않아 하루 종일 캄캄한 현상.

극야는 백야와 반대로,
낮이어야 할 시간까지 밤이 계속되는 걸 뜻해!
백야의 반대니까 '흑야'라고 부를 것 같지만
'극야'라고 부르는 이유는, 극지방에서 이 현상이 일어나기 때문이야.

신기방기! 뿡뿡방기! 조금 더 알아보자!

극야는 백야와 정확히 반대야. 여름 내내 태양이 지평선 아래로 내려가지 않아서 하루 종일 날이 밝은 게 백야라면, 극야는 겨울에 태양이 지평선 위로 올라오지 않아서 하루 종일 날이 어두운 현상이지. 그래서 북극에 백야가 발생할 때는 남극에 극야가 발생하고, 북극에서 극야가 발생할 때는 남극에서 극야가 발생한단다.

동지 冬至

겨울 동 이를 지

1년 중 밤이 가장 길고 낮이 가장 짧은 날.

동지는 태양의 남중고도가 가장 낮아지는 날이기도 해.
우리가 살고 있는 북반구에서는
보통 12월 21일 또는 22일쯤이 동지야.

신기방기! 뿡뿡방기! **조금 더 알아보자!**

동지에는 태양의 남중고도가 가장 낮아. 그래서 동지가 지나면 낮의 길이는 점차 다시 길어지고, 겨울이 지나며 봄으로 향해.

우리나라에는 동지에 팥죽을 먹는 전통이 있어. 옛날에는 동지가 새해와 가깝기도 하고, 동지가 지나면 봄으로 향하기 때문에 동지를 작은 설이라고 부르기도 했대. 그래서 나쁜 기운을 몰아내고 새해를 맞이하는 의미로 팥죽을 먹었어. 이 풍습이 지금까지 이어져 오고 있지.

하지 夏至

여름 하 이를 지

1년 중 낮이 가장 길고 밤이 가장 짧은 날.

하지는 태양의 남중고도가 가장 높아지는 시기이고,
우리가 사는 북반구에서는
보통 6월 21일 또는 22일쯤이 하지야.

신기방기! 뿡뿡방기! **조금 더 알아보자!**

하지는 태양의 남중고도가 제일 높은 시기인 만큼 햇볕이 강한 시기야. 낮이 가장 길고 밤이 짧은 날이라 해가 굉장히 빨리 뜨고 늦게 져. 서울을 기준으로 약 오전 5시에 해가 뜨고, 오후 7시 50분쯤에 해가 져. 하지가 지나면 낮이 점점 짧아지고 밤이 길어지게 돼.

여름의 남중 고도 南中高度

남녘 남 / 가운데 중 / 높을 고 / 법도 도

여름철 하루 중 태양이 가장 높이 뜨는 각도.

남중 고도는 하루 중 태양이 가장 높이 뜨는 각도를 말해.
보통 정오(낮 12시) 무렵에
태양이 남쪽 하늘에서 가장 높아질 때를 측정하지.

신기방기! 뿡뿡방기! **조금 더 알아보자!**

여름철 남중 고도는 높아. 다시 말해 태양이 더 높이 떠. 신기하지? 그래서 그림자가 짧아져. 태양이 더 높은 각도로 올라가기 때문에 낮도 길어지지. 태양이 땅을 비추는 시간이 길기 때문에 당연히 지구의 기온은 높아진단다.

S 겨울의 남중 고도

南 中 高 度
남녘 남 가운데 중 높을 고 법도 도

겨울철 하루 중 태양이 가장 높이 뜨는 각도.

겨울에는 태양의 남중 고도가 낮아져.
그래서 여름과 달리 여러 변화가 생기지.

신기방기! 뿡뿡방기! **조금 더 알아보자!**

겨울에는 태양이 낮게 떠. 그래서 여름보다 태양의 남중 고도가 낮고, 태양이 낮은 각도로 비추니 그림자는 여름보다 길어져. 태양이 떠 있는 시간은 짧아져서 일출이 늦어지고 일몰이 빨라지지. 그래서 자연스럽게 기온이 낮아져.

지진 地震

땅 지 벼락 진

지층이 지구 내부에서 생기는 힘을 받아 끊어지면서 땅이 흔들리는 현상.

지진의 한자를 풀이하면 땅에서 벼락이 친다는 뜻이야.

신기방기! 뿡뿡방기! 조금 더 알아보자!

진도는 지진이 일어났을 때 사람이 몸으로 느끼는 정도를 말해. 진도가 클수록 센 지진으로 느끼게 되지. 다음은 진도의 계급이야.

진도 1은 사람이 전혀 느낄 수 없어. 진도 2는 휴식을 취하고 있거나 높은 빌딩의 높은 층에 있는 사람들같이 소수의 사람만이 느낄 수 있어. 진도 3은 실내의 많은 사람들이 느끼는 정도야. 진도 4는 그릇, 창문, 문 등이 시끄럽게 소리를 내고 벽이 갈라지는 소리가 나. 진도 5는 많은 사람들이 잠에서 깨는 정도야. 진도 6은 선반에 있는 물체가 떨어지는 정도야. 진도 7은 서 있는 게 어려워지고, 운전자는 차가 흔들리는 걸 느껴. 진도 8은 무거운 가구가 뒤집어져. 진도 9는 담에 금이 가지. 진도 10은 잘 지어진 목조 구조물이 파괴돼. 진도 11은 다리가 부서지고 땅에 넓은 균열이 가. 진도 12는 물체가 하늘로 던져진단다.

S 화산 火山

불 화 뫼 산

땅속에서 만들어진 마그마가 지각의 틈을 통하여 지표면으로 나와 분출물이 쌓여 만들어진 산.

맞아. 이렇게 땅속에서 만들어진 마그마가
밖으로 나와 쌓이면서 만들어진 게 바로 화산이야.
가장 큰 예로 우리나라의 제주도가 화산 분출로 만들어진 섬이야!

신기방기! 뿡뿡방기! **조금 더 알아보자!**

화산은 현재 활동하고 있는지에 따라 세 가지로 나눌 수 있어.
현재 활동 중인 화산은 **활화산**, 역사에는 활동 기록이 남아 있지만 지금은 활동하지 않는 화산은 **휴화산**, 역사에 활동한 기록이 없는 화산은 **사화산**으로 분류해.
제주도의 한라산은 현재 활동하지 않기 때문에 휴화산으로 분류했고, 백두산은 휴화산이었다가 최근에 활동의 기미가 보여서 활화산으로 다시 분류했어.

화성암

火	成	巖
불 화	이룰 성	바위 암

마그마가 굳어져서 만들어진 암석.

화성암에도 다양한 종류가 있는데,
마그마가 어디에서 식고 굳어졌느냐에 따라
화산암과 심성암으로 나뉘어.

신기방기! 뿡뿡방기! **조금 더 알아보자!**

마그마가 무엇인지 알고 있니? 땅속 깊은 곳, 그러니까 지구 내부에는 굉장히 높은 열이 있는데, 이 열 때문에 암석이 녹아 있는 걸 마그마라고 해. 어쩌다 이 마그마가 지구 표면으로 나오거나 근처로 오게 되면 굳어서 화성암이 되지.
이때, 지구 표면의 밖에서 빠르게 식으면 화산암, 지구 표면의 안에서 천천히 식으면 심성암이라고 불러. 화산암은 빨리 식다 보니, 암석의 결정이 아주 작아. 그런데 심성암은 천천히 식다 보니 암석의 결정이 크고 선명하지. 그래서 신기가 들고 있는 현무암은 화성암 중에서도 화산암이란다!

S 퇴적암 堆積巖

언덕 퇴 / 쌓을 적 / 바위 암

퇴적물이 쌓여 오랜 시간 동안 굳어져서 만들어진 암석.

쌓인 퇴적물이 오랜 시간 동안 굳어져서
만들어진 암석을 퇴적암이라고 해.
퇴적암에는 이암, 셰일, 사암, 역암, 석회암 등이 있어.

신기방기! 뿡뿡방기! **조금 더 알아보자!**

무엇이 쌓여서 암석이 되었느냐에 따라 퇴적암의 종류가 결정돼. 진흙이 쌓여서 만들어지면 이암, 모래가 암석이 되면 사암, 자갈이 암석이 되면 역암이 되지. 진흙, 모래, 자갈 중에 제일 입자가 고운 건 진흙이야. 그래서 이암, 사암, 역암 중에 알갱이의 크기가 제일 작은 건 이암이지. 제일 부드럽기도 하단다.
퇴적물이 퇴적암이 되려면 정말 오랜 시간이 필요해. 켜켜이 쌓이는 데에도 시간이 오래 걸리지만, 그게 단단하게 굳어지기까지도 시간이 많이 필요하지. 이제 돌멩이 하나도 허투루 보이지 않지? 돌멩이들은 우리보다 나이가 어마어마하게 많다고!

이암 泥巖

진흙 이 바위 암

미세한 진흙이 쌓여서 딱딱하게 굳어 이루어진 암석.

이암은 진흙처럼 알갱이가 작은 걸로 만들어졌어.
켜켜이 쌓여서 만들어졌기 때문에
퇴적암의 한 종류지.

신기방기! 뿡뿡방기! **조금 더 알아보자!**

이암은 알갱이가 매우 작아서 만졌을 때 곱고 부드러운 느낌이 나는 건 당연해. 이암과 비슷한 암석으로 **셰일**이라는 암석이 있는데, 둘 다 진흙으로 만들어진 퇴적암이야. 이암과 셰일은 알갱이의 크기가 작아서 잘 깨지는데, 깨졌을 때 한쪽으로 가지런히 깨지는 암석이 셰일이야. 같은 퇴적암이어도 조금 다르지?

S 사암 砂巖

砂 모래 사 | 巖 바위 암

모래가 뭉친 것이 굳어져서 된 암석.

모래로 이루어진 암석을 사암이라고 해.
이암처럼 퇴적암의 한 종류야.

신기방기! 뿡뿡방기! **조금 더 알아보자!**

이암이 진흙으로 만들어진 퇴적암이라면, 사암은 모래로 만들어진 퇴적암이야. 그래서 이암보다 사암이 좀 더 거칠지. 모래가 진흙보다 거치니까!

사암은 모래 알갱이가 암석이 된 거라서, 맨눈으로도 알갱이가 잘 보이는 편이야. 그렇지만 자갈로 만들어진 역암에 비해서는 알갱이의 크기가 작아. 역암은 정말 울퉁불퉁하거든. 사암이 이암보다는 거칠어도, 역암보다는 부드러운 편이라는 것, 잊지 마!

저기압 低氣壓

低 낮을 저 | 氣 기운 기 | 壓 누를 압

낮은 기압.

저기압이란, 대기의 압력이 주변보다 낮은 상태를 말해.
저기압이 형성되면 공기가 위로 상승하는데,
이때 구름이 생기면서 흐린 날씨가 되고
비가 내리거나 바람이 불기도 해.

신기방기! 뿡뿡방기! 조금 더 알아보자!

저기압의 특징에 대해 조금 더 알려 줄게. 태풍과 같은 강한 저기압은 폭우와 함께 강풍도 동반해. 북반구에서는 공기가 반시계 방향으로 회전한다는 특징도 있단다.

S

고기압 高氣壓

높을 고 기운 기 누를 압

높은 기압.

고기압이란, 대기의 압력이 주변보다 높은 상태를 말해.
고기압이 형성되면 공기가 위에서 아래로 내려오면서
구름이 사라지기 때문에 맑은 날씨가 된단다.

신기방기! 뿡뿡방기! **조금 더 알아보자!**

고기압의 특징에 대해 조금 더 알려 줄게. 고기압일 때에는 구름이 없어져서 자연스럽게 맑아지는 대신 건조해져. 그래서 겨울철 고기압 날씨는 춥고 건조한 날씨가 될 수 있어. 우리가 살고 있는 지구의 북반구에서는 고기압일 때 공기가 시계 방향으로 회전한다는 특징도 있어.

강우량 降雨量

降 내릴 강 | 雨 비 우 | 量 헤아릴 량

일정 시간 동안 특정 지역에 내린 비의 양.

강우량이란, 일정 시간 동안
특정 지역에 내린 비의 양을 말해.
우량계로 측정하고, 보통은 mm(밀리미터) 단위로 표현하지.

신기방기! 뿡뿡방기! 조금 더 알아보자!

강우량의 기준이 궁금하다고? 1시간에 1~10mm(밀리미터)의 비는 약한 비, 10~30mm는 보통 비, 30~50mm는 강한 비, 50mm 이상은 폭우, 100mm 이상은 매우 심한 폭우로 홍수의 위험이 있어. 짧은 시간에 강우량이 많으면 배수 시설*이 그 비를 감당할 수 없기 때문에, 도로에 물이 차고 하천이 넘칠 수 있어서 조심해야 해.

* 지하의 물 높이를 낮추거나 통기성을 좋게 하려고 만든, 물을 빼내는 시설.

S 강수량 降水量

내릴 강 / 물 수 / 헤아릴 량

일정 기간 한 지역에 내린 물(비, 눈, 우박, 안개)의 총량.

강수량이란, 일정 기간 한 지역에 내린
비, 눈, 우박, 안개 등 물의 총량을 말해.
강우량처럼 역시 mm로 측정하지.

신기방기! 뿡뿡방기! **조금 더 알아보자!**

강수량은 어떻게 측정할까? 강우량과 마찬가지로 우량계로 측정해. 우량계는 비, 눈, 우박 등이 얼마나 내렸는지 측정하는 기구야. 비가 내리면 물이 쌓이는 높이를 mm 단위로 측정할 수 있어. 눈이 올 때는 눈의 높이를 측정한 다음, 이걸 녹여서 강수량으로 측정한대.

밀물

바닷물이 해안으로 점점 차오르는 현상.

밀물이란, 바닷물이 해안가로 점점 차오르는 현상을 말해.
바닷가에서 갯벌 체험을 하거나 모래성을 쌓을 때
밀물이 오면 순식간에 물이 차올라 위험할 수 있어.

신기방기! 뿡뿡방기! **조금 더 알아보자!**

밀물은 달의 중력 때문에 생겨. 달은 지구를 끌어당기는데, 특히 물이 잘 움직이기 때문에 바닷물이 달 쪽으로 조금 부풀게 되는 게 바로 밀물이지. 태양 때문에 생기기도 해. 태양도 지구와 달을 끌어당기거든. 그래서 태양과 달이 같은 방향에 있으면 밀물이 더 강해져.

S 썰물

바닷물이 해안에서 점점 빠지는 현상.

썰물이란, 바닷물이 점점 빠져나가
해안선이 뒤로 밀리는 현상을 말해.
밀물의 반대가 썰물이지.
썰물이 되면 해변이 넓어지면서 갯벌이 드러나.

신기방기! 뿡뿡방기! **조금 더 알아보자!**

밀물과 썰물은 하루에 두 번씩 반복해서 나타나. 그러니까 약 6시간마다 밀물과 썰물이 서로 바뀌는 거지. 완전히 한 바퀴 도는 데에는 약 12시간 25분이 걸린다고 해.

적외선 赤外線

붉을 적 바깥 외 줄 선

눈에는 보이지 않지만 열을 전달하는 전자기파.
빛에너지의 한 종류이다.

적외선은 우리 눈에 보이는 가시광선보다 긴 파장을 가지고,
자외선보다 에너지가 낮다는 특징이 있대.
그래서 우리 눈에 보이지 않지.

신기방기! 뿡뿡방기! **조금 더 알아보자!**

적외선은 눈에 보이지 않아. 하지만 열로 감지할 수 있지. 열을 포함하고 있어서 뜨거운 물체에서 많이 방출된대. 사람, 동물, 건물 등 모든 물체는 온도가 있으면 적외선을 방출해. 우리가 사용하는 리모컨, 열화상 카메라, 적외선 치료기 등은 모두 적외선을 활용하는 예란다.

S 자외선 紫外線

紫 자줏빛 자 | 外 바깥 외 | 線 줄 선

가시광선보다 파장이 짧고
적외선보다 에너지가 높은 전자기파.

자외선은 눈에 보이진 않지만,
피부에 영향을 미치는 중요한 에너지야.

신기방기! 뿡뿡방기! **조금 더 알아보자!**

자외선도 적외선처럼 눈에 보이지 않아. 그런데 높은 에너지를 가지고 있어서 물질을 변화시키기도 해. 특히 피부에 자극을 주거나 손상을 일으킬 수가 있어. 과도한 자외선은 우리에게 위험하기 때문에 자외선 차단제를 꼭 발라줘야 해. 그렇지만 적당한 자외선은 살균 효과가 있어서 의료 기기를 소독하는 데 쓰이기도 한단다.

이슬

공기 중의 수증기가 차가운 지표면이나 물체에 응결하여 물방울 형태로 맺히는 현상.

일단 이슬은 밤이나 새벽에 기온이 내려갈 때 만들어지는 것 같아!

신기방기! 뿡뿡방기! **조금 더 알아보자!**

이슬은 맑고 바람이 없는 날이나, 공기 중에 수증기량이 많아서 습한 날에 잘 생겨. 또, 지표면이 차가운 날에 이슬이 잘 생기지. 그래서 잔디나 자동차 표면처럼 열을 잘 방출하는 곳에서 이슬이 더 쉽게 만들어져.

S 안개

**공기 중의 수증기가 응결하여
매우 작은 물방울이 떠다니는 현상.**

구름과 비슷하지만,
구름보다 훨씬 낮게 생기는 게 안개래!

신기방기! 뿡뿡방기! **조금 더 알아보자!**

안개는 이런 원리로 생겨.
바다, 호수, 강에서 증발한 수증기가 공기 중에 많아져. ⋯→ 밤이나 새벽에 기온이 내려가면서 공기 중의 수증기가 응결해. ⋯→ 응결된 수증기는 미세한 물방울이 되는데, 이 물방울이 떠다니면서 안개를 만들어.

서리

공기 중의 수증기가 차가운 지표면에서 바로 얼어붙어 생기는 얼음 결정.

이슬처럼 서리도 주로 밤이나 새벽에
기온이 내려갈 때 만들어지겠네?
얼음이니까!

신기방기! 뿡뿡방기! **조금 더 알아보자!**

서리가 생기려면 맑고 바람이 없는 날이어야 해. 그리고 열이 빠르게 식어서 기온이 빨리 떨어지는 날이어야 하지. 습도가 높은 날일수록 서리가 잘 생겨. 또, 기온이 0℃ 이하여야 해. 물이 얼 수 있는 온도여야 하니까!

이슬과 서리는 비슷하지만 달라. 이슬은 기온이 0℃보다 높을 때 만들어져서 물방울의 모습이지만, 서리는 기온이 0℃보다 낮을 때 만들어져서 얼음 결정이 되기 때문이지.

성에

공기 중 수증기가 직접 얼어붙어 형성되는 얼음 결정.

이건 성에라고 해!
성에가 도로 위나 전선에 얼어붙으면
도로가 매우 미끄러워지니까 조심해야 해!

신기방기! 뿡뿡방기! **조금 더 알아보자!**

서리와 성에는 비슷한 것 같지만 차이점이 있어. 수증기(기체)가 액체로 변한 다음, 그 액체가 얼음이 되면 서리, 수증기가 곧바로 얼어붙으면 성에라고 해. 그래서 서리는 물방울 모양이지만, 성에는 기하학적인 얼음 결정 모양인 거야.

찾아보기

ㅅ

ㅇ

ㅈ